Meiner Mutter
und dem Andenken meines Vaters gewidmet

Ich bitte dich, tritt dein Leben an.
Ich bitte dich, lerne »ich« sagen,
Wenn ich dir Fragen stelle;
Denn du bist kein Glied, sondern ein Ganzes,
Kein Bestandteil, sondern ein Wesen.
                    Ezra Pound, ›Ortus‹

Jeanne Safer

Kinderlos glücklich

Wenn Frauen keine Mütter sind

Aus dem Englischen
von Eva Maria Amberger

Deutscher Taschenbuch Verlag

Deutsche Erstausgabe
März 1998
Deutscher Taschenbuch Verlag GmbH & Co. KG, München
© 1996 Jeanne Safer
Titel der amerikanischen Originalausgabe:
Beyond Motherhood. Choosing a Life without Children
Pocket Books, New York 1996
ISBN 0-671-79344-6
© der deutschsprachigen Ausgabe:
1998 Deutscher Taschenbuch Verlag GmbH & Co. KG, München
Umschlagkonzept: Balk & Brumshagen
Umschlagfoto: © IFA-Bilderteam
Gesetzt aus der Sabon-Antiqua (Textline 2.05)
Satz: OREOS, Waakirchen
Druck und Bindung: C. H. Beck'sche Buchdruckerei, Nördlingen
Gedruckt auf säurefreiem, chlorfrei gebleichtem Papier
Printed in Germany · ISBN 3-423-36051-8

Inhalt

Danksagung

Ich danke den Frauen, von denen Sie in diesem Buch lesen werden, dafür, daß sie mir so großzügig ihre Zeit geschenkt und so viel von sich mitgeteilt haben. Die Gespräche mit ihnen haben mich tief bewegt. Sie haben mich bereichert, und ich werde sie nie vergessen.

Folgende Menschen haben mir sehr geholfen: meine Agentin Lisa Bankhoff, die sich während ihrer Schwangerschaft mit Begeisterung für dieses Buch einsetzte und während dessen gesamtem Entstehungsprozeß menschlich wie fachlich von unschätzbarem Wert für mich war, meine liebe Freundin und Kollegin Judith Kaufman, deren Kommentare zum Manuskript so geradeheraus, großzügig und scharfsinnig waren wie sie selbst, meine Lektorin Julie Rubinstein, die mit tiefem persönlichen Interesse an dem Projekt Anteil genommen hat, und mein Mann, Richard Brookhiser, der mich ich selbst sein läßt.

Einführung

In diesem Buch geht es um die bewußt getroffene Entscheidung von Frauen, keine Kinder zu bekommen – wie
Frauen dazu kommen, welche Faktoren in ihrer Geschichte,
ihrer Persönlichkeit und ihren Lebensumständen diese Entscheidung beeinflussen, welche Gefühle damit verbunden
sind und welche Folgen sie für das eigene Leben hat. Das
Buch entstand aus meiner persönlichen Erfahrung heraus,
denn ich selbst habe mich dafür entschieden, kinderlos zu
bleiben.

Jahrelang versuchte ich mir darüber klarzuwerden, was
Muttersein für mich bedeutete, und kämpfte mit meinen
ambivalenten Gefühlen und meinen Ängsten. Ich war mir
bewußt, daß eine Entscheidung gegen eigene Kinder meine
ganze Persönlichkeit als Frau und als Mensch allgemein
grundlegend beeinflussen würde; doch schließlich wurde
mir klar, wie ich innerlich dazu stand.

Als Psychoanalytikerin war ich darin geschult, mich
selbst zu beobachten, was mir sehr dabei geholfen hat, mich
mit der emotional so aufgeladenen Frage »Mutterschaft – ja
oder nein« auseinanderzusetzen. Ich habe dieses Buch geschrieben, um auch andere an meinen Einsichten teilhaben
zu lassen, die ich durch persönliche Erfahrung gewonnen
habe, und um die Lebensgeschichten von Frauen zu erzählen, die die gleiche Entscheidung getroffen haben wie ich,
eine jede auf ihre ganz individuelle Weise. Ich möchte anderen betroffenen Frauen sowohl fachliche als auch persönli-

che Hilfe anbieten und denen den Rücken stärken, die sich bereits gegen eigene Kinder entschieden haben und die spüren wollen, daß sie nicht allein sind. Jede Frau, die dem Muttersein keine eindeutig positiven Gefühle entgegenbringt – darunter auch so manche Mutter –, wird in diesem Buch vieles finden, was mit ihrer eigenen Erfahrung übereinstimmt. Dieses Thema wird immer noch selten öffentlich diskutiert; viele Frauen fühlen sich nicht nur mit ihren Zweifeln ganz alleingelassen, sondern schämen sich auch, sie überhaupt zu haben.

In diesem Buch werden Sie meine Geschichte erfahren und von vielen Frauen jeden Alters lesen, die die gleiche Entscheidung wie ich getroffen haben. Einige von ihnen wußten seit ihrer Kindheit, daß sie nicht Mutter werden wollten, andere hatten noch in den mittleren Jahren mit ihren Zweifeln zu kämpfen; alle aber gewähren einen Einblick in das, was es wirklich bedeutet, solch ein immer noch als unkonventionell geltendes Leben zu führen. Diese Frauen erzählen mit bemerkenswerter Offenheit von ihren Müttern, ihren Ehen, ihren Kindheitserinnerungen, ihren Gedanken über das Altwerden ohne Nachkommen, von dem, was sie weitergeben wollen und welchen Sinn sie in ihrem Leben sehen. Sie beschreiben, wie sie ihre Identität als Frau entwickelt haben, ohne Mutter zu sein, und berichten von amüsanten bis empörenden Reaktionen ihrer Umwelt. Ihre Vitalität, ihr privates und berufliches Engagement strafen jenes Klischee Lügen, das besagt, daß eine kinderlose Frau gefühlsarm und unausgefüllt sein müsse. Sie sind für jede Frau, die sich mit diesem Problem auseinandersetzt, Orientierungshilfe und Anregung, wie immer ihre eigene Entscheidung auch ausfallen mag.

Eine der häufigsten Fragen, die Frauen sich stellen, wenn sie sich mitten in diesem schwierigen Entscheidungsprozeß befinden, ist, ob sie die Entscheidung gegen eine eigene Familie in Zukunft nicht bereuen würden. Die Frauen, mit denen ich gesprochen habe, haben auf diese Frage eine Vielzahl wohlüberlegter Antworten gefunden. Trotz der gemischten Gefühle, die einige meiner Gesprächspartnerinnen immer noch haben, betonte jede von ihnen mit Nachdruck, daß sie stolz darauf sei, sich bewußt für die Kinderlosigkeit entschlossen und die Auseinandersetzung mit dem Problem nicht aufgeschoben oder gar vermieden zu haben. Jede dieser Frauen ist überzeugt, daß sie an Selbstachtung gewinnt, wenn sie sich selbst so annehmen kann, wie sie wirklich ist. Das gibt ihr die Freiheit, ihr Leben so zu führen, wie es ihr entspricht – auch wenn sie äußerem und innerem Erwartungsdruck entgegen handelt.

Im Nachwort dieses Buches wende ich mich vor allem an Frauen, die sich über ihren Weg noch klarwerden müssen. Ich gebe praktische Ratschläge und Anregungen, wie Frauen am besten darüber nachdenken können, ob ein Leben ohne Kinder für sie die richtige Entscheidung ist, das heißt unter anderem, wie sie sich über ihre wirkliche Einstellung zu Kindern und Elternschaft klarwerden können, wie sie die eigenen Gefühle, ihre Sorgen und Ängste, einschätzen können; und wie sie am besten mit den Konsequenzen umgehen können.

Ich gab diesem Buch den Titel ›Beyond Motherhood‹ (»Jenseits der Mutterrolle« – Titel der amerikanischen Originalausgabe), weil er zeigt, daß eine Frau in der heutigen Zeit ihr Leben jenseits der traditionellen Frauenrolle gestalten kann, die unsere Mütter noch akzeptieren mußten. Mutter zu sein ist für eine Frau keine notwendige oder hinreichende Bedingung mehr für Reife und Erfüllung. Es ist ein biologisches Potential und setzt eine psychologische Disposition voraus, die eine nicht unbedeutende Minderheit von Frauen nach reiflicher Überlegung nicht als die ihre beanspruchen will.

In diesem Buch habe ich bewußt jede Begrifflichkeit vermieden, die versucht, der Kinderlosigkeit den Makel des Verzichts zu nehmen. Meiner Überzeugung nach wäre es der falsche Weg, diesen Verzicht zu leugnen. Ich glaube, jede kinderlose Frau vermißt etwas, ob sie sich dessen bewußt ist oder nicht – und ich schließe mich hier durchaus mit ein. Ich werde niemals diese einzigartige Beziehung zu einem Kind haben wie eine Mutter. Aber eine Mutter wird auch niemals soviel persönliche Freiheit haben wie ich – wir geben beide etwas auf, beide bekommen wir aber auch etwas. Keine von uns kann »alles« haben, wenn wir auch beide weitgehend zufrieden sein können mit unserer Wahl und mit dem, was uns gehört. Um uns selbst annehmen zu können, müssen wir akzeptieren, daß Verzicht zum Leben dazugehört.

Die hier festgehaltenen Geschichten gehen über das Ausgangsthema, ob man Kinder haben will oder nicht, hinaus, denn sie zeigen, wie wichtig es ist, sich ernsthaft und einfühlsam mit dem eigenen Leben, den eigenen Bedürfnissen und authentischen Gefühlen auseinanderzusetzen und dabei sich selbst gegenüber ehrlich zu sein. Dies ist die Grundlage für jede sinnvolle Entscheidung und der Schlüssel zu einem bewußten, kreativen Leben.

I.
Meine eigene Geschichte

Ich werde niemals eine selbstgemalte Glückwunschkarte zum Muttertag bekommen und eines dieser bunten, von kleinen, ungeübten Händen hingebungsvoll gebastelten Kunstwerke besitzen. Nie werde ich im Gesicht eines Neugeborenen forschen, ob es wohl die braunen Augen von mir oder die wasserblauen meines Mannes bekommen wird, nie ein Wiegenlied singen. Ich werde nicht erleben, wie mir mein eigenes Kind ein Lächeln schenkt, seinen Schulabschluß macht, heiratet oder mir ein Buch widmet. Und wenn ich sterbe, werde ich keine Nachkommen hinterlassen.

Da heutzutage so viel über Unfruchtbarkeit gesprochen wird, klingen solche Klagen durchaus vertraut. Aber mein Fall liegt anders: Ich habe mein Schicksal selbst gewählt und bewußt die Entscheidung getroffen, kein Kind zu bekommen.

Es war die schwierigste und einsamste Entscheidung in meinem Leben – Ehe und Karriere waren ein Kinderspiel dagegen. Es war auch die Entscheidung, für die ich am längsten brauchte. Tatsächlich rang ich über fünf Jahre mit mir, bis ich zu diesem Entschluß kam. Es waren Jahre der intensiven und oftmals schmerzvollen Auseinandersetzung mit mir selbst, in denen ich mich den äußerst komplizierten Aspekten meiner Persönlichkeit und meiner Lebensgeschichte stellte und versuchte, mir darüber klarzuwerden, welche Gefühle der Verzicht auf ein Kind bei mir auslöste. Wie würde die Gesellschaft darauf reagieren? Wie würde ich selbst zu mir stehen? Wie würde mein Leben ohne eigene Familie aussehen, und welchen Sinn könnte ich ihm geben? Was würde ich der Nachwelt hinterlassen? Heute, mit siebenundvierzig Jahren, blicke ich relativ gelassen auf diese schwierige Phase zurück. Mit Stolz und Erleichterung und ohne Trauer kann ich sagen, daß der Weg, den ich eingeschlagen habe, der richtige für mich war. Das war mir damals jedoch keineswegs klar.

I.

Ich war mir schon immer unsicher, ob ich ein Kind haben wollte oder nicht. Doch blieben das so lange abstrakte Überlegungen, die keinen realen Bezug hatten, bis ich von meinen Lebensumständen her ohne weiteres in der Lage gewesen wäre, ein Kind aufzuziehen. Als ich Mitte Zwanzig meinen Doktor in Psychologie gemacht hatte, dachte ich in erster Linie daran, eine eigene psychotherapeutische Praxis zu eröffnen und den passenden Mann für mich zu finden.

Ich hatte als Kind wenig Kontakt zu anderen Kindern, da ich in einer Kleinfamilie aufwuchs. In meiner Studienzeit arbeitete ich als psychologische Beraterin in einer Klinik für emotional gestörte Kinder. Eine der kleinen Patientinnen wuchs mir sehr ans Herz, doch ich fühlte mich unter Erwachsenen weitaus wohler, denn wir sprachen dieselbe Sprache.

Einmal kam bei mir doch der Wunsch nach einem Kind auf, und zwar, als ich eine Beziehung zu einem Mann hatte, der in einer anderen Stadt wohnte. Der Kinderwunsch war jedoch mehr eine Träumerei von uns beiden, die mir gewissermaßen die Möglichkeit bot, etwas von ihm bei mir zu haben, ohne daß er wirklich da war. Nachdem wir das Verhältnis beendet hatten, verschwand auch mein Verlangen nach einem Kind, ohne daß ich dem nachtrauerte.

Mit dreißig lernte ich schließlich Rick kennen, einen empfindsamen Zweiundzwanzigjährigen mit sanfter Stimme. Er war Liedertexter einer Vokalgruppe, die in den Straßen New Yorks Renaissancelieder sang. Als wir drei Jahre später heirateten, verhehlte ich ihm gegenüber meine Bedenken nicht – daß ich mich nie nach einem Kind gesehnt hatte, ja sogar fürchtete, der Mutterrolle an sich ablehnend gegenüberzustehen, und daß ich ihm nicht garantieren könne, daß sich das ändern würde. Würde er auch ohne Familie glücklich sein können? Er versicherte mir liebevoll, das, was er wirklich wolle und brauche, sei ich, ganz egal, wie unser gemeinsames Leben aussehen würde. Da wußte ich, daß ich endlich den richtigen Mann gefunden hatte.

Mit fünfunddreißig meinte ich es uns beiden schuldig zu sein, mich mit der Mutterschaft noch einmal ganz bewußt auseinanderzusetzen. Es war kein Zufall, daß ich das in dem Alter tat, in dem meine eigene Mutter mich bekommen hatte, denn von diesem Zeitpunkt an wurde deutlich, daß mein Weg ganz anders verlaufen würde als der ihre. Natürlich hatte unsere schwierige, sehr schmerzliche, aber auch schöne Beziehung einen tiefgreifenden Einfluß auf meine Entscheidung. Dennoch übte meine Mutter niemals Druck auf mich aus und versuchte mir auch keine Schuldgefühle einzureden, obwohl ich ihr die Enkelkinder vorenthielt, die sie sicher abgöttisch geliebt hätte.

Auch ohne ihr Dazutun war meine Lage schwierig genug, denn, so abgedroschen es auch klingen mag, die verdammte »biologische Uhr« tickte immer weiter, und meine beruflichen und privaten Verpflichtungen wuchsen gewissermaßen stündlich. Es wäre geradezu tollkühn gewesen, etwas so Folgenschweres wie eine Schwangerschaft dem Zufall zu überlassen. Eine solche Verhaltensweise hätte auch überhaupt nicht zu mir gepaßt. Ein Kind muß geplant werden, denn es verändert das Leben grundlegend, und darauf hätte ich mich erst einmal einstellen müssen. Doch wie konnte ich diesen Herbst überhaupt an eine Schwangerschaft denken, wenn ich nächstes Semester jeden Morgen ab acht Uhr Seminare abhalten mußte? Ich fing gerade an, beruflich Fuß zu fassen – ich würde allen Schwung verlieren, wenn ich plötzlich nur noch halbtags arbeitete. Den Sommer müßte ich sowieso noch abwarten, dachte ich, bis wir aus Bali zurückgekehrt waren und ich keine Medikamente zur Malariaprävention mehr einnehmen mußte. Da ich meine Praxis in unserer Drei-Zimmer-Wohnung untergebracht hatte, hätten wir bei Familienzuwachs entweder eine größere Wohnung suchen oder einen separaten Raum mieten müssen, in dem ich meine Patienten empfangen konnte. Wir konnten uns weder das eine leisten, noch vermochte ich mich mit der zweiten Lösung anzufreunden. Und schwanger zu sein stellte ich mir als eine ziemliche Quälerei vor. Ich fürchtete mich vor Erschöpfungszuständen und Übelkeit (wofür ich ohnehin anfällig war) und vor dem Dickwerden. Und ob ich nach der Geburt jemals meine alte Figur wiederbekommen würde, war fraglich.

Dann gingen mir die Entschuldigungen aus. Mir wurde klar, daß sich diese Entscheidung nicht von selbst regeln würde wie so viele andere in meinem Leben – ich hatte zum Beispiel bereits mit zehn Jahren gewußt, was ich später einmal werden wollte. Diese ständigen Überlegungen, dieses Hin und Her waren meine Art, einer endgültigen Entscheidung aus dem Weg zu gehen. Ohne daß ich mir dessen bewußt war, hatte ich Angst – nicht nur vor der Auseinandersetzung an sich, sondern auch davor, wie mein Entschluß ausfallen würde. Wenn ich nun wirklich kein Kind wollte – worauf ließ das wohl schließen? Ich fürchtete mich vor der Antwort. Dennoch war es immer schon meine Überzeugung und auch die Grundlage meiner Arbeit gewesen, meine eigenen Beweggründe so gut wie möglich zu kennen, daran mußte ich mich auch jetzt halten, wohin es auch führen mochte.

Da ich mich selbst ängstlich dagegen wehrte, herauszufinden, was ich eigentlich wollte, kann ich gut verstehen, warum so viele Frauen in der gleichen Lage versuchen, ihr Dilemma zu lösen, indem sie sich unüberlegt auf eine Schwangerschaft einlassen oder sie aber aus unreflektierten Gründen vermeiden. Denn was ist schwieriger zu treffen als eine Entscheidung, bei der man sich für immer festlegen muß? Ein Baby kann man nicht wieder zurückgeben, und nach der Menopause kann man keines mehr bekommen, zumindest ist das nicht so einfach. Wenn man sich gegen ein Kind entscheidet, kann man das aus biologischen Gründen nicht wieder rückgängig machen. Wenn Sie mit fünfzig entdecken, daß ohne Kind etwas fundamental Wichtiges in Ihrem Leben fehlt, können Sie das nicht mehr ändern – es wird dann sogar schwierig sein, ein Kind zu adoptieren. Es gibt nicht viel im Leben, was derartig endgültig und unwiderruflich ist wie die Entscheidung für oder gegen ein Kind. Man kann sich scheiden lassen, mehrfach den Beruf wechseln, die Stadt verlassen – aber auf eine eigene Familie zu verzichten ist eine Einbahnstraße, auf der man nicht mehr umkehren kann.

Der folgende bewußte Entscheidungsprozeß zog sich hin, bis ich Anfang Vierzig war. In dieser Zeit führte ich ein Tagebuch, in das ich meine Gedanken unzensiert niederschreiben konnte, um herauszufinden, was ich wirklich wollte. Die Frage, ob ich Mutter werden sollte oder nicht, beschäftigte mich unbewußt den ganzen Tag, und nachts träumte ich davon. Einer meiner ersten Tagebucheinträge beschreibt meine widersprüchlichen Gefühle:

Es fällt mir schwer, folgende Gedanken hier aufzuschreiben, denn sie sind mir zutiefst unangenehm. Ich war jetzt gerade einmal ein paar Stunden bei einer Familie mit einem zufriedenen, reizenden Baby, dem anzusehen war, wie sehr es geliebt wurde, und fühle mich absolut unfähig, selbst ein Kind zu haben und mit diesem glücklich zu sein. Die Eltern schienen überhaupt nicht zu bemerken, daß gar keine Unterhaltung zwischen uns möglich war. Sie zeigten keine Spur von Ungeduld, obwohl das Baby uns ständig störte. Das ärgerte mich, weil ich mich davon erheblich beeinträchtigt fühlte. Ich fand den ganzen Rummel, den sie um das Kind machten, ziemlich anstrengend, so verständlich es auch sein mochte, daß sie jeder Regung des Babys ihre ganze Aufmerksamkeit schenkten. Auch Rick fühlte sich unwohl, doch kam er besser mit der Situation zurecht, da er von sich aus toleranter und anpassungsfähiger ist. Er hatte Verständnis für beide Seiten – für die junge Familie und für mich.

Es ist mir klar, daß niemand vor unangenehmen Gefühlen gefeit ist, aber meine kommen mir so extrem vor. Ich fühle mich so verschlossen und egoistisch, geradezu abartig. Warum kommt mir ein Gefühl wie Mutterliebe, das für andere ganz natürlich ist, bei mir unecht vor? Fehlt mir da etwas? Bin ich unfähig, wirklich etwas von mir selbst herzugeben und Liebe zu schenken? Mir bleiben noch fünf Jahre, um mich zu entscheiden, und ich weiß, daß sich da noch viel ändern kann. Gott sei Dank habe ich einen liebevollen, einfühlsamen Mann, der mich nicht verurteilt.

Zur gleichen Zeit hatte ich einen aufschlußreichen Traum, der Ausdruck meines damaligen Gefühlszustandes war. Da ich mich beruflich (in meiner Lehrtätigkeit und in der Arbeit mit meinen Patienten) auf Traumdeutung spezialisiert habe, achte ich auch besonders auf meine eigenen Träume, um mehr über meine innere Realität zu erfahren. Ich träumte in dieser Zeit besonders lebhaft und eindringlich, denn ich war unentwegt damit beschäftigt, eine Lösung für mein Problem zu finden. Ich betrachtete Sprache, Themen und Symbole meiner Träume genau und gewann so wertvolle Hinweise darauf, was ich im Innersten fühlte und warum ich so fühlte. Traumdeutung ist eine wertvolle Hilfe bei der Krisenbewältigung.

Letzte Nacht hatte ich den traurigsten Traum meines Lebens. Rick und ich gingen auf einer Landstraße spazieren und sahen einen Baum, in dem ein Schwarm Vögel saß. Zu meiner großen Freude entdeckte ich, daß es purpurfarbene Exoten waren, eine ungewöhnlich schöne Art, die ich in dieser Gegend niemals vermutet hätte. Plötzlich bemerkte ich, daß die Blätter aller Bäume (es waren Birken) schon gelb geworden waren. Ich war zutiefst erschrocken, daß die Zeit so schnell vergangen war, ohne daß ich es bemerkt hatte. »Aber ich bin doch noch gar nicht bereit«, sagte ich völlig außer mir zu Rick. »Der Sommer dauert doch noch einen Monat, es kann noch gar nicht Herbst sein!« Da entdeckte ich schaudernd, daß die Birken in einem alten, verlassenen Friedhof standen.

Dies war mein erster Traum über das Thema Mutterschaft, das hier im »Familienstammbaum« symbolisiert war, den ich vorzeitig verdorren lassen würde, wenn ich keine Kinder bekäme. Mein Traumbild erinnerte mich an die knorrige alte Birke vor dem Bürofenster meines Vaters. Den verlassenen Friedhof, in dem die Birken standen, deutete ich so, daß ich die Letzte aus der Linie meines Vaters sein würde. Ich würde keine Nachkommen haben, die mein Grab besuchen kämen. Meine Klage darüber, daß der Winter, die unfruchtbare Jahreszeit, viel schneller hereingebrochen war als sie sollte, brachte mir verstärkt zu Bewußtsein, daß mir in der Tat nicht mehr sehr viel Zeit für eine Entscheidung blieb. Ich hatte es immer aufgeschoben, mich mit meinen Gefühlen auseinanderzusetzen, weil ich noch nicht bereit gewesen war, zu akzeptieren, daß ich älter wurde und sterben würde wie ein dürrer, unfruchtbarer Baum, den niemand mehr pflegt.

Aber es lag auch Hoffnung im Bild der roten Vögel, die unerwarteterweise anstelle der grünen Blätter in den Zweigen saßen: Der Baum hatte die schönen Exoten nicht auf natürliche Weise »geboren« wie seine Blätter (oder wie der mütterliche Körper ein Kind gebiert), sondern sie waren von fern hergekommen, um sich auf ihm niederzulassen und ihn zu schmücken. Die bunten Vögel standen für eine andere Art von Kreativität als der biologischen, sie versinnbildlichten einen anderen möglichen Weg in die Zukunft.

Der Traum zeigt, daß ich mich endlich bewußt und unbewußt auf die Auseinandersetzung mit dem Thema »eigene Kinder – ja oder nein« eingelassen hatte. Er ging mir nicht mehr aus dem Sinn – dennoch verstand ich nur dunkel seine Bedeutung und die Lösung, die er vorwegnahm, während ich noch hart um eine endgültige Entscheidung rang. Ich bemühte mich, an mein Problem auch rational heranzugehen und begann das Thema zu »erforschen«. Ich las Bücher und Aufsätze, zum Beispiel ›Ever Since Eve‹ (»Seit Evas Zeiten«) – hier erzählen berühmte Frauen ihre Erfahrungen bei Schwangerschaft und Geburt – oder ›Having Babies in the Eighties‹ (»Kinderkriegen in den achtziger Jahren«) – eine Art zeitgenössischer Leitfaden für werdende Mütter. Ich fand die Lektüre zwar interessant, sie kam meinen eigenen Erfahrungen aber nicht nahe genug, um wirklich hilfreich zu sein. Ich sprach mit meinen Freundinnen – Müttern und

Nichtmüttern – und mit meiner Therapeutin. Ich erstellte Listen mit sämtlichen Argumenten und Gegenargumenten, die mir einfielen, wobei ich die positiven Seiten jeder Lösungsmöglichkeit herauszustellen versuchte:

Was für ein Kind spricht:
Ich könnte
- eine neue Art von Nähe erfahren,
- erfahren, wieviel Freude es macht, die Entwicklung eines Kindes mitzuerleben,
- mich anderen Frauen und dem Leben generell verbunden fühlen,
- mich in die eigene Kindheit zurückversetzt fühlen,
- all das, was ich liebe und kenne, weitergeben.

Was gegen ein Kind spricht:
Ich möchte gerne
- nach meiner eigenen Zeiteinteilung leben,
- mit Rick zusammen ein ungestörtes Privatleben haben,
- frei von ständigen Verpflichtungen leben können,
- mich auf mein eigenes Leben und meine Interessen konzentrieren,
- spontan sein können.

Die falschen Gründe, ein Kind zu wollen:
Der Wunsch
- mich anzupassen,
- zu beweisen, daß mit mir alles in Ordnung ist,
- meine Mutter oder Rick damit glücklich machen zu wollen,
- im Alter nicht allein zu sein,
- jemanden zu haben, dem ich mein Hab und Gut vermachen kann.

Die falschen Gründe, kein Kind zu wollen:
Angst
- vor der Schwangerschaft,
- davor, nicht recht zu wissen, wie man sich um ein Kind kümmert,
- vor Konkurrenz,
- vor gegenseitiger Enttäuschung,
- davor, wie meine Eltern zu werden.

Ich versuchte, möglichst logisch und praktisch an die Sache heranzugehen und alle nur möglichen Eventualitäten zu bedenken. Um nur ja sicherzugehen, daß ich mich nicht grundlos abquälte, ließen Rick und ich uns untersuchen. Das Ergebnis: Eine Empfängnis wäre zwar problematisch, aber immer noch möglich. Wir überlegten uns sogar schon Namen – David und Ariel. Und da es mir wichtig war, mich bei meiner Entscheidung nicht von Angst leiten zu lassen (ich wollte nicht das Gefühl haben, daß ich nur deshalb kein Kind hatte, weil ich es mir nicht zutraute), nahm ich eine Weile an Biofeedbacksitzungen teil. Ich wollte lernen, mit meinen Angstgefühlen umzugehen, falls ich mich für eine Schwangerschaft entscheiden sollte. Mein Gynäkologe versicherte, er werde mir helfen, auch mit diesen Ängsten fertigzuwerden, so wie er mir in den letzten zwanzig Jahren bereits bei den verschiedensten Gesundheitsproblemen beigestanden hatte.

Ich ließ nichts unversucht.

Dennoch blieben trotz gelegentlicher Schwankungen – wenn zum Beispiel das Kind von Bekannten sich an mich kuschelte oder eine gute Freundin mir die Sache schmackhaft machen wollte – meine Gefühle relativ konstant. Die Aussicht, ein Kind zu bekommen, kam mir eher wie eine Bedrohung denn wie eine Herausforderung vor. Es war auffallend, daß die Tagebucheinträge, in denen ich eine Bestandsaufnahme machte – nämlich zu Beginn eines neuen Buches, zu Neujahr und an meinem Geburtstag –, über die Jahre hinweg den gleichen Tenor beibehielten.

Mir ging nicht aus dem Kopf, welch tiefes Unbehagen ich stets in Gegenwart von kleinen Kindern verspürte, und ich fragte mich, was ich von mir halten sollte und was das wohl zu bedeuten hatte. In meiner Therapie erkannte ich mit der Zeit, daß ich es hier mit Gefühlen zu tun hatte, die über ein bloßes Unbehagen ob der zu erwartenden Beeinträchtigungen hinausgingen. Mir wurde klar, daß diese Gefühle in meiner eigenen Vergangenheit wurzelten und darin, was Kinder (und Mütter) für mich bedeuteten. Mit dieser unbewußten Vorstellung hing wahrscheinlich vieles zusammen – mein Perfektionismus, die Beklommenheit, die meine eigenen kindlichen Anteile in mir auslösten, mein Wunsch nach ausschließlicher Aufmerksamkeit, das Unbehagen gegenüber den Anforderungen, die an Eltern gestellt werden und vor allen Dingen das Verhältnis zu meinen eigenen Eltern. Jeder erlebt ähnliche Zweifel und Ängste, sagte ich mir, warum sollte dieser Konflikt ausgerechnet mich blockieren? Vielleicht würde ein tieferes Verständnis für die Ursachen meiner negativen Gefühle es mir ermöglichen, besser damit umzugehen und Phantasie und Wirklichkeit auseinanderzuhalten – und es mir erlauben, Mutter zu werden.

Die Sehnsucht nach einem Kind war etwas Unbegreifliches für mich, obwohl die Welt um mich herum voll davon war. Ich begann mich wie eine besondere Spezies zu fühlen, wo sich doch andere Frauen in meinem Alter derart nach Kindern sehnten, daß sie bereit waren, demütigende und physisch wie psychisch überaus belastende Prozeduren zu ertragen, um eine Empfängnis herbeizuführen, oder fünfzigtausend Dollar für eine Adoption aufzubringen. Eine Freundin, die neun Jahre lang eine erfolglose Fruchtbarkeitsbehandlung durchgestanden hatte, erzählte mir, daß sie vor

Neid weinen mußte, wenn sie auf der Straße Frauen mit Kinderwagen erblickte. Ich wagte nicht, ihr zu erzählen, daß der gleiche Anblick für mich eine geradezu aufdringliche Belästigung darstellte.

Ich hatte definitiv alles, was man braucht, um den entscheidenden Schritt in die Elternschaft zu wagen – ich war verheiratet, finanziell abgesichert und besaß die nötige Reife. Warum also zuckte ich zusammen, anstatt mich zu freuen, wenn mein Gynäkologe mir den Platz auf seinem mit Babyfotos übersäten Schreibtisch zeigte, den er für meinen Nachwuchs »reserviert« hatte? Wie konnte ich mich weigern, mich der Allgemeinheit anzuschließen? Woher diese voreingenommene Sichtweise? Was für eine Art Frau war ich überhaupt?

Ich selbst war schockiert und schämte mich dafür, mir eine solche Frage zu stellen. Wir Frauen sind seit mindestens zwanzig Jahren das, was man »emanzipiert« nennt. Obwohl ich selbst keiner offiziellen Frauenorganisation angehörte, betrachtete ich mich doch eindeutig als Feministin. Ich hatte meinen Mädchennamen beibehalten und verdiente mehr als mein Mann. Ich trat auf jeden Fall dafür ein, daß eine Frau das Recht hat, sich zu entscheiden. Sicher wäre ich die letzte, die den Wert oder die Weiblichkeit einer Frau an ihrer Fruchtbarkeit messen würde. Und doch, da war sie noch, diese innere Stimme, die sich meldete, weil ich Teil einer Gesellschaft war, die immer noch diese Erwartungen an eine Frau stellt und sie an veralteten Wertmaßstäben mißt, auch wenn sie dies inzwischen subtiler tut. Mit einer Frau, die keinen Mann hat, mag ja noch alles in Ordnung sein, aber der Terminus technicus für eine Frau, die keine Kinder hat, lautet immer noch »unfruchtbar«, was impliziert, daß sie innerlich leer und ohne Leben ist. Bei einem unfruchtbaren Mann hingegen wird niemand, auch er selbst nicht, an seiner Männlichkeit zweifeln.

Mein Leid rührte nicht von der nagenden Gewißheit her, daß Mutterschaft physisch nicht möglich für mich war – dies ist ein Schmerz anderer Art: Kein Kind zu wollen ist etwas anderes, als eines zu wollen und keines bekommen zu können. Der Wunsch einer unfruchtbaren Frau ist über jeden Zweifel erhaben, sie ist nur körperlich eingeschränkt, ihre Liebesfähigkeit hingegen ist intakt. Sie möchte etwas, was angeblich jede Frau möchte. Was sie daran hindert, es zu bekommen, ist ihr Körper. Ich hingegen kämpfte mit einem Gefühl von Unzulänglichkeit, das in meinem Wesen verwurzelt war.

Jede Frau, die aus freien Stücken kinderlos bleibt, muß gegen die stillschweigende Annahme kämpfen, sie sei anormal oder gefühlskalt. Mir fiel auf, daß in jedem einschlägigen Artikel die Frauen, die freiwillig auf Kinder verzichtet hatten, mit bemerkenswertem Nachdruck versicherten, Kinder zu mögen. Das war ja auch sicherlich der Fall, aber sie hätten es nicht so betonen müssen, wenn sie nicht selbst einen nagenden Zweifel an ihrer Normalität verspürt oder bei den Lesern vermutet hätten. Es war ein Schock für mich, diese Zweifel auch in mir zu entdecken, obwohl ich genau wußte, daß manche Frauen aus Gründen, die man kaum normal nennen kann, Kinder bekommen und der psychische Zustand vieler Mütter kaum vorbildlich gesund genannt werden kann. Das Schlimmste, was man einer Frau vorwerfen kann, ist, daß sie selbstsüchtig sei, und das Schlimmste, was ich jemandem vorwerfen kann, ist, daß er oder sie unreif sei. All das hatte ich längst verinnerlicht. Es war gar nicht mehr nötig, diese Dinge aus anderem Munde zu hören.

Sowohl in meinen eigenen Augen als auch in denen der anderen brandmarkte mich mein Ansinnen, kinderlos zu bleiben, als andersartig. Es zwang mich in eine nonkonformistische Position, die ich nicht einnahm, weil ich rebellie-

ren wollte, sondern weil mir klar war, daß ich nicht glücklich werden könnte, wenn ich mich nach der Mehrheit rich-
tete. Ich würde damit als »Kinderlose« ständig außerhalb
der Norm leben. So wie ich mir nie recht hatte vorstellen
können, wie man sich als Behinderter fühlt, bis ich selbst
einmal ein eingegipstes Bein hatte, machte mir diese Erfahrung deutlich, was es wohl bedeutete – freiwillig oder aus
welchen Gründen auch immer – homosexuell oder Auslän-
der zu sein oder als Single in einer Welt zu leben, in der alle
anderen verheiratet sind. Anders zu sein kann eine uner-
meßliche Bereicherung bedeuten, aber man ist dadurch
auch gezeichnet. Unkonventionell zu leben fordert seinen
Preis.

Trotz meines Unbehagens rebellierte doch etwas in mir
weiter. Was mich am meisten davon abhielt, Mutter zu werden, war, daß sich mein Leben von Grund auf ändern
würde. Es hätte für mich einen ziemlichen Eingriff in mein
Leben bedeutet, daß ich nicht mehr voll über mich und
meine Zeit bestimmen könnte. Mein Widerstand gegen
diese unumgehbaren Veränderungen war offensichtlich grö-
ßer als alle Mutterfreuden, die ich mir vorstellen konnte.

Ich war mir vor allem bewußt, daß Kinder meine Ehe
grundlegend verändern würden. Bis sie aufs College gingen,
hätten wir nicht mehr viel Zeit für ungestörte Zweisamkeit,
die mein Leben wie kaum etwas anderes bereicherte. Wann
würde Rick mir das nächste Mal ein Buch vorlesen oder mit
mir essen gehen? Wie oft würden wir einen Nachmittag im
Bett verbringen können? Elternschaft, so glaubte ich, würde
sicherlich das Ende der nächtlichen Kerzenscheinromantik
bedeuten und auch der Sandelholz-Schaumbäder mitsamt
dem albernen Badespielzeug, mit dem wir spielten wie Kinder, die wunderbarerweise in erwachsenen Körpern steck-
ten. Wir hätten weder die Ruhe noch die Zeit dazu. Eine Familie ist kein Paar, und welche Freuden sie auch mit sich

bringen mag, auf uneingeschränkte Zweisamkeit würden wir verzichten müssen.

Die Nähe zu einem anderen Erwachsenen bedeutet für mich keine Einschränkung. Denn ganz egal, wieviel Zeit Rick und ich miteinander verbringen, ich fühle mich nicht für sein Leben verantwortlich. Er braucht mich nicht, um existieren zu können, so wie ein Kind mich brauchen würde. Ein Erwachsener ist einfach nicht in der gleichen Weise abhängig. Ich kann mich ausgiebig um andere Dinge und Menschen kümmern, ohne das Gefühl haben zu müssen, ihn im Stich zu lassen oder zu vernachlässigen. Er kann sich das Abendessen selbst zubereiten, und er kann sogar besser allein sein als ich. Seine Selbständigkeit und seine Reife befreien mich von Verpflichtung, Zwang und Schuldgefühlen.

Trotz alledem fühlte ich mich nicht emotional völlig ungeeignet für die Mutterschaft. Tatsächlich wußte ich, daß ich einige der wichtigsten Eigenschaften habe, die eine Mutter braucht: Einfühlungsvermögen, Hingabe, Lebensfreude, Stärke und Zuverlässigkeit. Aber in einigen wichtigen Aspekten schien Mutterschaft meinem Wesen zu widerstreben. Es mochte ketzerisch sein, dies zuzugeben, aber mir wurde klar, daß ein Baby mich zwingen würde, einen Großteil meiner Zeit mit Dingen zu verbringen, die mir mißfielen.

Ich hatte mich auch früher nie groß für Kindergeburtstage begeistern können, und ein Zirkusbesuch war für mich eine Tortur. Lärm und Unordnung kann ich nur in begrenztem Maße ertragen, und vor dem Chaos und den Einschränkungen, die ein Baby mit sich bringen würde, schreckte ich zurück. Ich kannte die kindgerecht abgesicherten Wohnungen meiner Freunde, deren Wohnzimmer von Nintendo und Ninja Turtles in Beschlag genommen waren. Ihre Unterhaltung bestand in erster Linie aus Kindervideos und Sesamstraße. Ich wollte gewiß niemandem den Spaß verderben, übermäßig heikel sein oder die Kinder ständig unter Kontrolle behalten, aber ich befürchtete, daß ich im Ernstfall nicht anders können würde. Entweder müßte das Kind Einschränkungen hinnehmen oder ich. Die Fähigkeit, sich auf Beeinträchtigungen und Veränderungen im Gefühlsleben und im alltäglichen Umfeld einzustellen, ist bei jedem Menschen unterschiedlich ausgeprägt. Bei mir ist es damit leider schlecht bestellt.

Eine Mutter muß sich auf die Welt ihres Kindes einlassen, Verantwortung übernehmen und die Veränderungen in ihrem eigenen Leben akzeptieren. Selbst heutzutage, wo sich die Väter an der Erziehung beteiligen, ist die Mutter fast immer diejenige, die mehr gibt, die zu große Schuldgefühle hat, um in die Arbeit zu gehen, während das Kind krank zu Hause liegt, und die den ganzen Alltag organisiert. Sie mag es ja vielleicht ganz gerne tun; aber sie ist kein freier Mensch mehr, die Kinder müssen für sie an erster Stelle stehen. Ich dachte daran, wieviel Zeit meine Mutter damit verbracht hatte, mich zur Schule zu fahren, Essen zu kochen, ihren Zeitplan auf meinen abzustimmen. Sie konnte mit Recht stolz darauf sein, daß sie so anteilnehmend, aufmerksam und stets verfügbar war. Ich zweifelte ja nicht daran, daß auch ich für ein Kind das tun würde, was es brauchte – ich zweifelte daran, daß ich es gern genug tun würde. Und so sah ich einen heftigen Interessenskonflikt zwischen meinem Kind und mir voraus. Ich wußte, daß es kreative und gebildete Frauen gab, die Karriere und Familie unter einen Hut brachten – man denke nur an Madame Curie – aber ich konnte mir nicht vorstellen, woher sie die Energie nahmen.

Es geht hier um mehr als um mein eigenes Seelenleben. Es ist wirklich so, daß Frauen für ihre Kinder besonders in den ersten Jahren viele ihrer eigenen Bedürfnisse hintanstellen müssen. Die Gesellschaft tendiert dazu, den Preis zu leugnen, den Mütter zwangsläufig zahlen, und die Opfer, die diese Frauen bringen müssen, als selbstverständlich zur weiblichen Natur gehörig zu idealisieren. Das macht es einer Frau äußerst schwer, sich dazu zu bekennen, daß sie die Mutterrolle ablehnt.

All dies wäre mir nicht so unüberwindbar oder bedrohlich vorgekommen, wenn ich mich zur Mutter ähnlich berufen gefühlt hätte wie für meine Arbeit. Psychotherapeutin zu werden ist kein Klacks, es erfordert jahrelange Arbeit, man muß ebenfalls Opfer bringen und sich in seiner Freiheit erheblich einschränken. Weil dieser Beruf aber mein Ziel war und ich mich dafür begeisterte, habe ich diesen Preis gerne gezahlt. Aber ich war mir nicht besonders sicher, daß die Mutterliebe in gleichem Maße alle Zweifel und Schwierigkeiten besiegen würde, wenn ich ein Kind bekäme.

Mein vierzigster Geburtstag nahte mit Riesenschritten, und ich hatte mich immer noch nicht endgültig entschieden. Ich hatte in dieser Zeit eine ganze Reihe von Träumen mit dem Zugsymbol, die mir zeigten, was eine Reise auf der »Mutterschiene« wirklich für mich bedeuten würde. In diesen Träumen war die Entscheidung für oder gegen ein Kind gleichbedeutend mit dem Einsteigen in einen Zug. In beiden Fällen gibt es, sobald man einmal »eingestiegen« ist, kein Zurück mehr; für die Dauer der Reise gibt man die Kontrolle für das eigene Fortkommen auf, und zwischen den Haltestellen kann man nicht aussteigen. Im ersten Traum wollte ich in einen bereits fahrenden Zug einsteigen, obwohl ich fürchtete, daß es gar nicht der richtige war, doch erkannte ich, daß ich beim Einsteigen überrollt worden wäre, wenn ich es getan hätte.

Dieser Traum warnte mich vor den Risiken einer impulsiv getroffenen Entscheidung.

Trotz meiner Befürchtungen drängten mich einige meiner Freunde mit zwingenden Argumenten, alles nochmals zu überdenken. Besonders eine Freundin, die sich vor Jahren selbst gegen eigene Kinder entschieden hatte, wollte verhindern, daß ich, wie sie selbst, daß Gefühl hätte, etwas verpaßt zu haben. Sie war überzeugt davon, daß ich die Mutterschaft weitaus mehr genießen würde, als ich mir im Augenblick vorstellen konnte. Sie versuchte mir klarzumachen, daß meine Bedenken vornehmlich auf Phantasievorstellungen basierten. Die Realität meiner Beziehung zu einem eigenen Kind würde sicherlich ganz anders aussehen. Ich würde mich dann gewiß nicht so eingeschränkt und gestört oder so gefordert und kontrolliert fühlen, wie ich jetzt annahm. Sie war sich sicher, daß ich anpassungsfähiger war, als ich mir selbst zugestand. Warum also enthielt ich mir selbst etwas so Wundervolles vor, und das nur wegen grundloser negativer Vermutungen, die keinen Realitätsbezug hatten?

Als Antwort auf ihre Warnungen und Überredungsversuche hatte ich einen zweiten Zugtraum, in dem die einzige Möglichkeit, von einem Zug in den anderen umzusteigen, darin bestand, daß ich über einen Abgrund klettern mußte. Zwei Männer ermutigten mich dazu. Dieser Traum wollte mir sagen, daß ich als Mutter die Kontrolle verlöre und ins Ungewisse stürzte. Obwohl andere an mich glaubten, empfand ich selbst es als zu gefährlich, die »Schiene« zu wechseln, auf der mein Leben verlief.

Dieser Traum war ein Aha-Erlebnis für mich, und ich notierte in mein Tagebuch:

> Ich habe endlich etwas ganz Wesentliches akzeptiert: Ich will kein Kind *haben,* ich will nur *wollen,* daß ich es will. Vermutlich hängt dies nicht so sehr mit der Gegenwart als vielmehr mit meiner Kindheit zusammen.

Auch wenn ich mir inständig das Gegenteil wünschte, so war mein Widerstand gegen ein eigenes Kind in diesen Jahren der Selbstbefragung weder geschwunden, noch hatte sich irgend etwas daran nennenswert verändert. Im Gegenteil, ich sah, wie hartnäckig dieser Widerstand war und wie tief er in mir verwurzelt war. Das konnte ich weder leugnen noch durch bloße Willensanstrengung ändern. Ich hatte wachsam aber vergeblich auf einen tiefgreifenden Sinneswandel in mir gehorcht, ob da nicht das gebotene Gefühl der Sehnsucht nach einem Kind aufkeimte, aber statt dessen entwickelte ich nur ein besseres Gespür für mich selbst. Ich hatte mich davon überzeugt, daß ich mit meinen Ängsten fertigwerden könnte, wenn ich es wirklich wollte, aber der Enthusiasmus, den ich gebraucht hätte, um meinen Zweifeln etwas entgegenzusetzen, stellte sich nicht ein. Es ist schwierig zu unterscheiden zwischen einer Angst, die es zu überwinden gilt, weil sie eine Herausforderung darstellt, durch die man sich verändern und an der man wachsen kann, und einer Angst, auf die man hören sollte, weil sie auf einen grundlegenden Konflikt hinweist. Bei mir traf eindeutig letzteres zu. Das gefiel mir zwar nicht, aber ich konnte diese Realität nicht leugnen.

Dann hatte ich einen Traum, in dem mich eine Indianerin – Symbol für traditionelle Weiblichkeit – fragte, wann ich denn »wundervolle Babys« haben würde. Alt und weißhaarig, wie ich schon war, antwortete ich ganz ruhig: »Ich möchte keine Kinder haben.« Ich hatte endlich aufgehört, gegen mich selbst zu kämpfen. Ich hatte mich entschieden.

In all den Jahren hatte ich nicht in erster Linie einen Konflikt gelöst, sondern allmählich die Seiten an mir akzeptieren gelernt, die meinen eigenen Idealvorstellungen und den Erwartungen anderer entgegenstanden. Ich sah, daß ich mich von vielen Frauen und auch von meiner eigenen Mutter grundlegend unterschied. Erst als ich laut »nein« sagte, wurde ich wirklich ganz ich selbst. Dieses Nein bedeutete etwas Positives, es war nicht einfach die Ablehnung einer Lebensweise, sondern ich bejahte damit aktiv eine andere.

Nachdem ich nun die »Mutterschaftsfrage« für mich geklärt hatte, war es nun meine Aufgabe, meine eigene weibliche Identität auf einer alternativen »Schiene« zu schaffen. Ein letzter Zugtraum zeigte mir, wie mir das gelingen sollte:

Ich wollte mit einer meiner Studentinnen, die zwei Kinder im Teenageralter hatte, mit dem Zug fahren, doch mußte ich entdecken, daß sie sich bereits in einem anderen Zug befand, der in die entgegengesetzte Richtung fuhr. Ich mußte also allein reisen. »Dieser Zug wird mich vielleicht zu einem Bahnhof bringen, der für mich ungünstig liegt, aber ich kenne ja den Weg nach Hause«, tröstete ich mich selbst. »Ich werde mich schon zurechtfinden.«

In der Eile hatte ich Handtasche und Geldbörse verloren. Ein Mann brachte mir die Tasche wieder, die Geldbörse aber hatte er nicht gefunden. Erleichtert stellte ich fest, daß sie eigentlich die ganze Zeit in der Handtasche gewesen war. Nun hatte ich alles, was ich brauchte – meinen Ausweis, mein Geld und meinen Führerschein.

Dieser letzte Traum findet eine Lösung für die Probleme, die die vorigen aufgeworfen hatten. Ich befinde mich schließlich in einem Zug ohne die Mutter, denn ich muß ohne ihre Führung und Begleitung die Reise in die Kinderlosigkeit, in meine neue weibliche Identität, antreten. Vielleicht wird es unbequem und einsam sein, so zu reisen, aber nun bin ich sicher, daß ich meinen Weg finden kann.

Geldbörse und Handtasche, klassische Symbole für den weiblichen Körper, zu verlieren bedeutet, daß ich immer noch Angst habe, ich könnte mich nicht als vollwertige Frau fühlen, ohne Mutter zu sein. Ein Mann bringt mir die Tasche zurück, die äußere Manifestation des Weiblichen; in seinen Augen bin ich also noch eine Frau. Aber da das wirkliche Gefühl für mein Frausein aus mir selbst kommen muß, muß ich meine Geldbörse selbst entdecken. Während dieses Entscheidungsprozesses habe ich das Gefühl wiedergewonnen, eine vollständige Frau zu sein, und ich bin bereit, auf meinem Lebensweg weiterzugehen.

II.

Meine Entscheidung, niemals Kinder in die Welt zu setzen, spiegelt meine gesamte Lebensgeschichte wider. Dies ganze Zusammenspiel von eigener Wesensart und Lebensumständen, von Ängsten und Wünschen, von Fähigkeiten und Unzulänglichkeiten macht mich zu der, die ich bin. Was mir zunächst so abschreckend und andersartig schien, wenn ich mir vorstellte, was ein Kind von mir fordern würde, war mir eigentlich äußerst vertraut. Das Gefühl, von den emotionalen Bedürfnissen eines anderen Menschen und seinen Forderungen nach Aufmerksamkeit vereinnahmt zu werden, ganz egal, womit ich selbst gerade beschäftigt bin, war genau das Gefühl, mit dem ich aufgewachsen bin. Meine Mutter hatte dabei die Rolle inne, die ich meinem zukünftigen Kind zuschrieb. Auch mein Vater trug auf subtilere Weise dazu bei, ebenso wie das Verhältnis meiner Eltern untereinander.

Die liebevolle Herrschaft meiner Mutter über mich – diese Mischung aus Bewunderung, Anregung und übermäßig hohen Ansprüchen – begann schon mit meiner Geburt. Sie nannte mich »Gene«, da ihrer Ansicht nach Männernamen bei Mädchen auf ungewohnte und reizvolle Weise weiblich wirkten. Und da ich dazu bestimmt war, Schriftstellerin zu werden – so erklärte sie Jahre später mit der Art von Logik, die einem erst dann sonderbar vorkommt, wenn man anfängt, darüber nachzudenken –, gab sie mir vorsorglich einen Künstlernamen nach dem Vorbild von George Sand oder George Eliot. Ich sollte eine Frau sein, die in der Männerwelt erfolgreich war. Es kam ihr niemals in den Sinn, daß ich mir vielleicht gern selbst meinen Spitznamen ausgesucht hätte – oder vielleicht auch gar keinen – und möglicherweise überhaupt nicht die Notwendigkeit verspürt hätte, mein Geschlecht zu verleugnen, selbst wenn ich den von ihr für mich gewählten Beruf ergriffen hätte. Da schritt mein Vater ein. Er meinte, seine Tochter trüge vermutlich lieber einen Mädchennamen, und so wurde aus mir »Jeanne«. Meine Geburtsurkunde wurde jedoch nie offiziell geändert.

Ich wuchs in einem Vorort von Cincinnati, Ohio, auf. Mein Vater war Anästhesist, ein zurückhaltender und ernsthafter Mann, meine Mutter eine energiegeladene, extravagante Frau, die das Stipendium für ein Gesangsstudium abgelehnt hatte, um ihn zu heiraten. Da sie als Frau eines Arztes nicht arbeitete, konzentrierte sie all ihre Fähigkeiten auf meine Erziehung und wurde eine perfekte Fünfziger-Jahre-Hausfrau. Sie verdrängte jeden Zweifel und jedes Bedauern, das sie möglicherweise über diese Lebensentscheidung empfand. Nur in ihren ständigen Ermahnungen, daß ich immer in der Lage sein sollte, für mich selbst zu sorgen, zeigte sich, daß sie ihre Wahl vermutlich bereute.

Ich kann mich nicht daran erinnern, meine Mutter jemals krank oder auch nur müde gesehen zu haben. Sie hatte bemerkenswert viel Energie. Noch mit fünfundsiebzig zeigte sie bei einem Museumsbesuch eine wesentlich bessere Kondition als ich, und mit zweiundachtzig hob sie noch Gewichte und ging täglich schwimmen. Sie besaß Charme, Ausstrahlung und verfügte über eine beeindruckende und faszinierende Geistesfülle, auf der anderen Seite hatte sie eine sehr herrische Art, die mich einschüchterte. Der Überdruß, den sie angesichts des provinziellen Konservatismus ihrer Heimat im mittleren Westen empfand, wurde einmal im Jahr durch eine Familien-Wallfahrt nach New York City gelindert.

Sie gab vieles an mich weiter, auch ihre Liebe zu Manhattan, wo ich nun seit meinem einundzwanzigsten Lebensjahr wohne. Mein Leben hier war für sie eine Quelle des Stolzes und der Befriedigung, aber obwohl sie mir das nie direkt sagte, wurde sie gleichzeitig das Gefühl nicht los, daß ich sie verlassen hatte, um ein Leben weit weg von ihr zu führen – finanziell unabhängig, wie sie es mich gelehrt hatte. Als Kind hatte ich solchen Respekt vor ihrer vitalen, alles beherrschenden Art, daß ich nicht merkte, daß meine Mutter eigentlich von mir abhängig war.

Bis zu einem gewissen Grad bestärkte sie mich darin, unbeirrt meinen eigenen Weg zu gehen, obwohl ihr die Konsequenzen nicht immer gefielen. Sie erzählte mir gerne, daß ich bereits von Geburt an ein »energisches Kinn« gehabt hätte, und eine so große Willenskraft, daß es mir an dem Tag, als wir vom Krankenhaus nach Hause gekommen waren, gelungen war, mich selbst umzudrehen, weil ich nicht gerne auf dem Rücken lag. Ihre zwiespältige Bewunderung, die sie für das empfand, was sie als ausgeprägtes Selbstbewußtsein bei mir interpretierte, förderte meine Fähigkeit, selbständig zu denken, auch wenn ich dabei Schuldgefühle empfand oder es mir so erschien, als verletzte ich andere damit.

Abgesehen von der Karriere, die meine Mutter für mich vorgesehen hatte, wollte sie unbewußt, daß ich ihr Alter ego sein sollte, und in mancher Hinsicht erfüllte ich ihr auch diesen Wunsch. Wir ähnelten uns in der äußeren Erscheinung in solchem Maße, daß eine Freundin meiner Mutter, die wir bei einer Tanzstunde in unsere Mitte nahmen, zu mir sagte, sie komme sich vor wie zwischen zwei Spiegelbildern. Wir haben den gleichen Geschmack, und ich bin genauso praktisch veranlagt und ähnlich selbstgerecht wie sie. Mein Leben lang bemühte ich mich darum, das Band zwischen uns fortbestehen zu lassen und mich gleichzeitig gegen meine Mutter abzugrenzen.

Mein Vater und ich hatten eine ganz andere Beziehung. Er war derjenige, der mir nicht nur meinen Namen gab, sondern auch einen Spitznamen, zu dem er lustige Lieder erfand. Nur er durfte mich so nennen, und später erweckte mein Mann diesen Namen wieder zu neuem Leben. Ich war Papas »Jeanne Cat«, die er bewunderte und die ihn bewunderte, wenn sie den vom ihm selbst ausgedachten Gute-Nacht-Geschichten vom Bären und der Prinzessin lauschte. Ich war das kleine Kind, das ihn bezauberte, wenn es wie eine Katze unter den Tisch kroch, und dem er erzählte, er gebe ihm ganz besondere Pillen, mit denen es immer so klein bleiben würde, wie es war. Nicht zuletzt war ich auch seine geistige Erbin. Schon mit fünf Jahren begleitete ich ihn bei seiner abendlichen Visite durch das Krankenhaus, wo er mich den Patienten und Mitarbeitern als seine »Assistentin« vorstellte. Ich bewunderte, wie ruhig und kompetent er sich in Krisensituationen verhielt, wie er heilen konnte, wie er mit seinen Händen jeden Schmerz linderte. Ich versuchte, seine Gabe von der physischen auf die psychische Ebene zu übertragen, als ich die zweite »Dr. Safer« wurde.

Die Heile-Welt-Beziehung zu meinem Vater war nie ganz ohne falsche Zwischentöne und überdauerte meine Kindheit nicht. Mit seinen langen Arbeitszeiten, seiner Scheu vor Konflikten und dem Wunsch, selbst umsorgt zu werden, überließ er es im Grunde genommen allein meiner Mutter, mit den weniger angenehmen Seiten der Kindererziehung fertigzuwerden. Jedenfalls war immer sie diejenige, die aufstand, um mir das Fläschchen zu geben oder mich mitten in der Nacht zu beruhigen, wenn ich von einem Alptraum aufwachte, und die nachsichtig wartete, während ich mir morgens vor dem Kindergarten fünfmal etwas anderes anzog. Meine Machtkämpfe trug ich allein mit ihr aus.

Mein Vater hatte Schwierigkeiten mit der Beziehung zu einer erwachsenen Frau. Er neigte dazu, sich zurückzuziehen und vermied es, sich so intensiv auf meine Mutter einzulassen, wie sie es verlangte. Mir schenkte er nur so lange seine ganze Aufmerksamkeit, bis auch ich mehr von ihm gebraucht hätte, als ihm angenehm war. Um das zu bekommen, was er ihr vorenthielt, hielt sich meine Mutter an mich. Obwohl er meine Partei ergriff, als ich in der Pubertät erbittert um meine Unabhängigkeit von ihr kämpfte, entfernte er sich innerlich immer mehr von uns beiden. Der Kampf mit einer Reihe lebensbedrohlicher Krankheiten trieb ihn immer mehr in die Isolation und vergrößerte den inneren Abstand von uns. Am Ende seines Lebens hatte ich schließlich das Gefühl, als hätte ich ihn kaum gekannt.

Durch meine eigenen frühen Erfahrungen hatte ich die Vorstellung, daß Kinder in einer Ehe allgegenwärtig seien, und daß von einer Mutter hundertprozentiger Einsatz verlangt werde. Ich war überzeugt, daß eheliche Zweisamkeit durch das Familienleben verhängnisvoll gestört werde. Schon mit sechs Wochen nahmen meine Eltern mich überallhin mit, als sie auf einer Reise nach Quebec waren, denn mein Vater hatte Angst, mich mit fremden Leuten allein zu lassen. Meine Mutter erinnerte sich mit einer Mischung aus Stolz und Ärger daran, sogar unterwegs stündlich Babyflaschen ausgewaschen zu haben, und erzählte, sie habe meine Babynahrung lieber selbst zubereitet, als minderwertige Fertigprodukte zu kaufen. Als ich älter wurde, nahm ich Privatunterricht in allen möglichen Bereichen, und meine Mutter fuhr mich jedesmal hin. Sogar für damalige Verhältnisse, als die elterlichen Pflichten weitaus ungleicher verteilt waren als heute, tat sie mehr, als man von ihr erwartete. Warum protestierte sie nie dagegen?

Da sich die Liebe meiner Eltern auf mich konzentrierte, fiel mir nie auf, daß ich ein Hindernis für ihre Zweisamkeit darstellte, das sie beide selbst errichtet hatten. Meine Mutter sprach niemals aus, daß ich sie gekränkt hätte oder daß sie mich als Rivalin empfunden hätte, ebensowenig wie ich mir unsere unvermeidliche Konkurrenzsituation eingestand. Erst in der Pubertät wurden mir die Spannungen zwischen meinen Eltern bewußt, die sie bis an den Rand der Scheidung trieben. Als sich zu meinem Entsetzen der Abgrund von all dem, was zwischen ihnen unterdrückt worden war, auftat, erwartete meine Mutter von mir, daß ich ihre Partei ergriff.

Viele Frauen versuchen durch ihre Kinder die eigene Kindheit zurückzugewinnen. Wenn ich das täte, würde einer der lebendigsten Anteile meines Wesens erstickt und einer der problematischsten wieder zum Leben erweckt werden. Die gleichberechtigte Partnerin meiner Eltern zu spielen ließ mich frühzeitig in der Erwachsenenwelt zu Hause sein, und während ich mich in dieser Rolle sonnte, empfand ich mich dadurch doch wie ein Fremdkörper in der »gewöhnlichen« Kinderwelt. Obwohl ich gleichaltrige Freunde hatte, wollte ich doch immer an der Weltläufigkeit und Macht der Erwachsenenwelt teilhaben. Es vermittelte mir wohl ein Bild von unantastbarer Unabhängigkeit. Ich hatte es so eilig, erwachsen zu werden, daß ich mich mit acht Jahren gegen einen Babysitter sträubte. Ich war oft auf den Partys meiner Eltern und plauderte mit den Gästen bis in die frühen Morgenstunden; das war die Zeit, in der ich am liebsten zu Bett ging. Ich muß wohl Angst gehabt haben, diesen Sonderstatus zu verlieren, wenn ich mich zu »kindisch« verhielt, also ungeschickt, weinerlich, nörglerisch oder verstockt, und folglich wurden mir diese Eigenschaften verhaßt. Ich habe inzwischen gelernt, solche natürlichen Gefühlsregungen in mir zu akzeptieren. Aber ich wäre nicht gerade begeistert davon, meine Ängste wiederaufleben zu lassen oder so ein Verhalten mit einem Kind noch einmal zu durchleben, egal, ob ich mich mit ihm identifizierte oder ob ich es in meiner Eigenschaft als Mutter ertragen müßte.

Außerdem strebte ich danach, meine eigenen Vorstellungen von Reife zu verwirklichen, in der die Mutterrolle keinen Platz zu haben schien. Wenn ich mit Puppen spielte, übernahm ich die Rolle der Bühnenbildnerin oder der Regisseurin, nicht aber der Mutter. Ich hatte begriffen, daß die auf Eis gelegte Begabung meiner Mutter das einzige war, das ich ausleben wollte.

Als Erwachsene wollte ich die ganz besonderen Bande zwischen meinem Vater und mir, die in meiner Kindheit nur für kurze Zeit bestanden hatten, in der Beziehung mit meinem Mann neu schaffen und intensivieren. So konnte ich die Einheit mit einem Mann erleben, die meine Mutter niemals gehabt hatte. Ich war zu dem Schluß gelangt, daß das niemals möglich gewesen wäre, wäre ich die Art von Mutter geworden, die meine Mutter verkörpert hatte – die tat, was ihr Mann von ihr und was sie von sich selbst verlangte. Ich wußte, daß ich mich einem Kind nie so widmen könnte wie sie, ohne mich benachteiligt zu fühlen.

Es war unmöglich, so wie meine Mutter zu sein. Obwohl ich ihre widersprüchlichen Gefühle intuitiv erkannte und allmählich verstand, daß sie ihre Gründe für ihr Verhalten hatte, hätte ich es als Mutter nicht mit ihr aufnehmen können und hätte mich doch genötigt gefühlt, es zu versuchen. Trotz ihrer modischen Erscheinung und ihrer weltgewandten Art – sie sah sicherlich nicht aus wie ein »mütterlicher« Typ und benahm sich auch nicht so – war Ehefrau und Mutter zu sein für sie das Fundament ihrer Identität und die Hauptquelle ihres Selbstwertgefühls. Ihr Perfektionismus zwang sie, die untadelige Hausfrau eines Hauses mit glänzend sauberen Böden zu sein, eine exzellente Köchin und darüber hinaus ihrer Familie rund um die Uhr zur Verfügung zu stehen. Das setzte natürlich voraus, daß ich die Tochter zu sein hatte, die diese heroischen Anstrengungen auch rechtfertigte.

Die totale Aufopferung meiner Mutter mußte ich mit unbedingter Treue bezahlen. Die Folge war, daß es mir so schien, als hätte ich kein eigenes Gefühlsleben. In allem mußte ich Rücksicht auf sie nehmen. Tat ich das nicht, mußte ich mit den Konsequenzen, die das für unser Verhältnis oder mein Gefühlsleben hatte, selbst fertigwerden – denn beide sahen wir dann mein Verhalten als selbstsüchtig, undankbar und sogar grausam an.

Die einzige Möglichkeit, eine Beziehung zu meiner Mutter zu haben, war, ein Teil von ihr zu sein. Ich verkörperte ihr Schicksal, den Sinn ihres Lebens. Wir waren füreinander der Mittelpunkt der Welt, und wenn ich meinen eigenen Weg gehen würde, der mit ihren Wünschen nichts zu tun hätte oder ihnen gar entgegenstünde, dann hieß das in ihren Augen, daß ich sie verließ oder verriet. Sie konnte keine andere Art von Loyalität gutheißen; einmal beschuldigte sie mich mit ehrlich empfundenem Schmerz, daß ich lieber mit meinen Freunden zusammen sei als mit ihr. Erstaunlicherweise mochte sie meinen Mann sehr gern. Er war der erste Mann in meinem Leben, mit dem sie von ganzem Herzen einverstanden war, und ich mußte zugeben, daß sie wieder einmal recht hatte.

Solange ich still und zuverlässig innerhalb der Umlaufbahn meiner Mutter blieb, konnte ich tun und lassen, was ich wollte. Meine Individualität war ihre stolzeste Schöpfung, doch konnte diese nur in einer Atmosphäre eines beinahe unmerklichen Zwanges gedeihen. Meine grundlegenden Bedürfnisse standen notgedrungen im Konflikt mit den ihren, und zu all den Gaben, die ich von ihr fürs Leben mitbekommen hatte, kam, daß ich extrem empfindlich auf Störungen meiner Intimsphäre reagierte, was inzwischen eine fast instinktive Reaktion geworden ist.

Meine Empfindlichkeit gegen alle möglichen Reize – wie Lärm, Gerüche, anderer Leute Gefühlszustände – steigerte meine psychische Reaktionsfähigkeit. Das ließ die Empathie, die meine Mutter unablässig von mir forderte, zu einer Art Reflex werden, gegen den ich mich innerlich sträubte. Ich konnte nichts dagegen tun, und es war unerträglich. Es lag nichts Freiwilliges in der Art, in der ich mit ihr mitschwang, doch es gab für mich kein Entrinnen.

Als es mir endlich gelang, mich von der Vorstellung zu befreien, unbedingt ihren Erwartungen entsprechen zu müssen, kam ich zu dem Schluß, daß ich, wenn ich selbst ein Kind bekäme, wieder in diese Welt zurückgetrieben würde, ganz egal, wie sehr ich auch versuchen würde, alles ganz anders zu machen. Eine Mutterschaft würde automatisch die hart errungene Loslösung von der Frau ungeschehen machen, die sowohl die idealisierte Mutter verkörperte, mit deren hingebungsvoller Liebe ich es niemals aufnehmen könnte, als auch das Kind, dessen Anwesenheit ich niemals entkommen würde. Vor dem Hintergrund meiner Erfahrungen konnte die Mutterschaft für mich nur bedeuten, meine wertvolle, endlich unbehinderte Entscheidungsfreiheit für den Rest meines Lebens zu untergraben, was viele Frauen allerdings für ganz normal halten. So wie eine Mutter-Kind-Dyade angelegt ist, ist die neue stets eine Wiederholung der alten.

Ich verbringe einen Großteil des Tages damit, anderen zu helfen, sich über ihr Leben klarzuwerden, und bin zur Überzeugung gelangt, daß eine Frau nicht dazu verurteilt ist, das Leben ihrer Mutter oder ihre eigene Kindheit zu wiederholen. Auch darf man seine Eltern nicht für sein eigenes Schicksal verantwortlich machen. An der Liebe meiner Eltern zu mir habe ich nie gezweifelt. Sie haben mich nie mit Absicht verletzt. Die Fehler, die sie gemacht haben, gründeten in ihrer eigenen Lebensgeschichte und den Kämpfen, die sie austrugen und die nur zum Teil mich betrafen. Auf der anderen Seite weiß ich, daß man die Konsequenzen von Familienkonstellationen nicht immer ungeschehen machen kann. Aufgrund meiner Persönlichkeit und aufgrund meiner Familienverhältnisse mußte ich auf manche Erfahrungen verzichten, um mich auf das zu konzentrieren, was ich wirklich brauchte. Das bedeutet, daß ich Dinge, die andere nicht stören, nicht ertragen kann, daß mich die permanenten Kompromisse und Einschränkungen und auch die Zuwendung, die ein Kind fordert, zu sehr belasten würden. Dies zu erkennen bedeutete, daß ich meine Bedürfnisse, meinen Charakter, mein Leben, so wie es war, ebenso akzeptierte wie auch meine Eltern, und zwar mit all den Schwächen unserer menschlichen Natur.

III.

An meinem vierzigsten Geburtstag schickte mir meine Mutter das Armband, das ich als Neugeborenes um das Handgelenk getragen hatte, und das eingerissene Krankenhausformular, das ihr einen Tag, bevor ich offiziell meinen Namen bekam, in der Klinik ausgehändigt worden war. Auf diesem Blatt war ich noch »Safer, Mädchen, 3402 Gramm«. Dazu schrieb sie zärtlich: »Mein Schatz – anbei einige Erinnerungsstücke vom Tag deiner Geburt. Ich habe sie all die Jahre aufgehoben. Ich umarme und küsse dich.« Ich weinte, als ich das las, denn ich werde nie eine Tochter haben, deren Andenken an ihre früheste Kindheit ich liebevoll für sie aufbewahren werde. Sie hob alle Briefe auf, die ich jemals an sie geschrieben hatte, jedes Geschenk, das ich gebastelt, jedes Bild, das ich gemalt hatte. So sehr mich diese Bürde auch belastete – ich war ihr Lebenswerk. Ich enttäusche meine Mutter nur äußerst ungern, und es tut mir sehr leid, auf das zu verzichten, was wir gemeinsam erlebt hatten, doch weiß ich sehr wohl, daß ich nicht anders kann.

Es tut mir leid, daß ich sie der Möglichkeit beraube, einem Enkelkind ihre Liebe und ihre Begeisterung zu schenken. Es hätte ihre besten Seiten ans Licht gebracht. Und es tut mir leid, daß wir die Erfahrung der Mutterschaft nicht teilen können; das hätte die Bande zwischen uns sicher vertieft.

Nur ein einziges Mal sprachen meine Mutter und ich über Kinder – ganz kurz und verlegen. »Deine Karriere ist sicherlich wichtiger«, sagte sie und lieferte mir damit ein rationales Argument, dem ich schnell zustimmte. Es stimmt natürlich auch in gewisser Weise, ist aber nicht die ganze Wahrheit. Obwohl meine Beziehung zu meiner Mutter während des gesamten Entscheidungsprozesses eine Rolle spielte, ist der wirkliche Grund für meine Entscheidung gegen ein Kind die Summe verschiedener Faktoren, aufgrund derer es für mein seelisches Wohlbefinden dringend notwendig ist, nicht allzu eingeschränkt zu sein.

Meine Kinderlosigkeit bedeutet auch die endgültige Loslösung von meiner Mutter, sie schließt eine vollständige Identifikation mit ihr aus. Vor dieser Tatsache verschließen viele Töchter die Augen oder vermeiden die Loslösung, indem sie ebenfalls Mutter werden. Jede Tochter und jede Mutter enttäuschen einander in irgendeiner wichtigen Beziehung. Reife erfordert auch, daß ich meine Entscheidung als autonomen Akt ansehe, unabhängig davon, ob ich den mütterlichen Erwartungen entspreche oder sie enttäusche, und daß ich die Folgen eigenverantwortlich trage.

Viele Menschen reifen daran, daß sie Eltern werden. Ich aber hoffe, daran zu wachsen, daß ich mich für das Gegenteil entschieden habe. Das erfordert Selbstvertrauen. Wenn man niemanden hat, durch den man leben kann, oder der das auslebt, was einem selbst versagt blieb, muß man seinen

Lebenssinn in sich selbst suchen. Ich weiß, daß ich für mich selbst verantwortlich bin. In Wirklichkeit trifft das auf jeden Menschen zu, aber wer Kinder hat, kann es sich erlauben, sich dieser grundlegenden und unbequemen Erkenntnis eine Zeitlang zu entziehen.

Meine Entscheidung gegen Mutterschaft ermöglichte mir Erkenntnisse, die ich auf keinem anderen Wege erworben hätte. Indem ich mich selbst akzeptierte, konnte ich auch meine Mutter akzeptieren, und ich konnte mich ein wenig freier von Groll und Vorwürfen fühlen. Der Entscheidungsprozeß hat mir geholfen, mich selbst zu erkennen, mein eigenes Leben – so wie es ist – anzunehmen, und hat mein Bewußtsein und meine Fähigkeit, mit anderen mitzufühlen, erweitert.

Als ich mir einige Zeit später den Entscheidungsprozeß, durch den ich gegangen war, bewußt machte, hatte ich einen Traum, der die psychologische Bedeutung, die Kinderlosigkeit für mich hat, so deutlich erklärte, daß es keiner weiteren Interpretation mehr bedurfte – ein Zeichen, daß ich mir meines Entschlusses sicher war. In dem Traum erzählte mir eine Freundin: »Wenn ich Angst davor habe, etwas zu tun, dann gibt mir die Tatsache, daß ich ein Kind habe, die Kraft, zu tun, wozu ich sonst niemals fähig gewesen wäre. Für mein Kind kann ich den Abgrund dann überschreiten.« Ich antwortete: »Was mich inspiriert und anspornt, ist, daß es um mich geht – und *nur* um mich. Und das gibt mir Kraft; das ist meine wahre Stärke.«

Dies war der Schluß, zu dem ich nach jahrelanger innerer Auseindersetzung gekommen war, die endgültige, von innen kommende Bestätigung meines eigenen Weges. Ich wußte nun, wo ich stand und warum.

IV.

Meine Bemühungen, mit mir ins reine zu kommen, hatten einen vollkommen unerwarteten Nebeneffekt, der sich unmerklich entwickelte und den ich erst wahrnahm, als er zutage trat: Ich begann ganz spontan zu schreiben, ohne daß ich es bewußt beschlossen hätte. Ich hatte früher Aufsätze, vor allem Forschungsarbeiten und Buchbesprechungen, in Fachzeitschriften veröffentlicht, aber nun schrieb ich plötzlich Artikel, die meine persönlichen Erfahrungen für einen breiten Leserkreis beschrieben, und zwar mit meinen eigenen Worten – und unter meinem eigenen Namen. Wahre Reife – so erkannte ich – heißt, daß man etwas auch dann tut, wenn die eigene Mutter gerne möchte, daß man es tut.

Es war nicht meine Absicht, durch das Schreiben etwas zu kompensieren. Ich dachte nie: »Ich habe kein Kind bekommen, also muß ich etwas anderes leisten.« Die Gelegenheiten boten sich ganz einfach von selbst. Und zu meiner Verwunderung und Freude wurde mein allererster schriftstellerischer Versuch – eine kleine Schilderung meines Abenteuers, ein Bauchtanzkostüm zu entwerfen und in Istanbul anfertigen zu lassen – angenommen und veröffentlicht. Um dies zu feiern, gab ich meine Debütvorstellung im Studio meiner Tanzlehrerin. (Damals hatte ich bereits zehn Jahre lang orientalischen Tanz gelernt, aber noch nie den Mut gehabt, öffentlich aufzutreten.) Ich glänzte in meiner fremdländischen kupfernen und schwarzen Tracht. Durch die intensive Beschäftigung mit meinen Gefühlen über Mutterschaft waren verborgene Reserven an Kreativität und Weiblichkeit erschlossen worden, und ich ging daraus befreit, stark und voller Energie hervor.

Der Artikel, der mir am meisten bedeutete, handelte von den Gründen meiner Kinderlosigkeit. Erst als ich nach seiner Veröffentlichung plötzlich in Tränen ausbrach, weil die gedruckten Worte so konkret und endgültig wirkten, wußte ich, daß ich den Entscheidungsprozeß abgeschlossen hatte.

Ein wundervoller Traum – der letzte, den ich zum Thema Mutterschaft hatte – zeigte mir, wie meine Selbstwahrnehmung sich gewandelt hatte:

> Überrascht und freudig erregt fand ich auf dem Grundstück meiner Eltern einen Gemüsegarten mit einem restaurierten Springbrunnen. Auf den Weinstöcken wuchsen Melonen, und dies mitten im Winter, wo sonst alles abgestorben ist.

Hier wird das Bild von den entlaubten Bäumen voller Vögel aus meinem allerersten Traum über Mutterschaft wieder aufgenommen. Die Melone war ich selbst, die Frucht aus den Lenden meiner Eltern; obschon unfruchtbar im biologischen Sinn, reifte sie außerhalb ihrer natürlichen Jahreszeit heran. Das war meine neue Definition von Fruchtbarkeit, die sich diesmal organisch in mein Leben integrierte. Der wiederhergestellte Springbrunnen stand für das lebendige Wasser meines Seins; es floß auch jenseits der Jahre, in denen man Kinder bekommen kann, und der Brunnen füllte sich immer wieder aufs neue.

Kaum hatte ich meine Lebenssituation vollkommen akzeptiert, ertappte ich mich dabei, wie ich plötzlich all die Möglichkeiten betrauerte, die mir mit dem Verzicht auf Kinder verlorengegangen waren. Die positiven Erfahrungen in meinem Leben und meine neue Erfüllung im kreativen Bereich trösteten mich, konnten mir aber die Trauer über die Folgen meiner Entscheidung nicht ersparen, so richtig und gesund sie für mich auch war.

Durch meine Entscheidung hatte sich Ricks Leben in eine Richtung entwickelt, die er sich nicht unbedingt erträumt hatte. Er erzählte mir kürzlich, daß er die Kinderlosigkeit auch als Verlust empfand, was er sich im vollen Ausmaß erst eingestehen konnte, nachdem ich meine Entscheidung getroffen hatte. In seiner zurückhaltenden Art sagte er ohne Bitterkeit oder Anklage, aber sehr bewegt: »Ich habe gerade beobachten können, warum Leute Kinder haben. Ein Auto hielt vor einem Bürogebäude. Eine Frau, die ihren Mann von der Arbeit abholte, saß am Steuer, die Tochter auf dem Rücksitz, und als ihr Vater auftauchte, rief sie ganz aufgeregt ›Daddy, Daddy!‹, als ob er der wichtigste Mensch auf der Welt wäre.« Es war nicht lebenswichtig für Rick, aber er vermißte es doch, der Mittelpunkt der Welt eines Kindes zu sein, wie es seine Freunde, seine Kollegen und auch sein eigener Bruder sind.

Ich erinnere mich daran, wie ich mich immer auf das Geräusch gefreut hatte, mit dem das Auto meines Vaters in die Garage fuhr. Damals war ich das wartende Kind, und mein Vater in dem Alter, in dem Rick heute ist. Ich erinnere mich genau, wie schön es war, wenn er mich an sich drückte und mich auf den Schoß nahm, und jetzt wurde mir klar, was es für ihn bedeutet haben mußte, wenn ich oben auf der Treppe auf ihn wartete. Jedes kleine Mädchen hätte großes Glück, wenn es einen so liebevollen, charmanten und klugen Vater wie Rick hätte, einen, der nicht nur Cartoons für sie zeichnen, Lieder für sie schreiben und singen und ihr mit grenzenloser Geduld und voller Verständnis zuhören würde, sondern der sie auch nie im Stich lassen und immer zu ihr halten würde. Auch wenn ich meinen Mann überschwenglich begrüße, kann ich nicht die Rolle der liebenden Tochter übernehmen – kein Erwachsener kann oder soll einen anderen so abgöttisch lieben. Es tut mir leid, daß es ihm versagt bleibt, Vater zu werden, obwohl er es gerade wegen seiner Liebe zu mir gerne geworden wäre.

Es fällt mir immer noch nicht leicht, andere Formen der

Fürsorge neben der Mutterrolle als gleichwertig und erfüllend zu akzeptieren – zum Beispiel die Beziehung zu meinem Mann, meinen Freunden, meinen Studenten oder meinen Patienten, von denen kürzlich einer zu mir sagte: »Sie sind für mich wie Mutter und Vater zugleich, die mir etwas vom Leben zeigen.« Doch mir entgeht diese direkte, unmittelbare, ständige Erfahrung, wenn ich auch weiß, wie erleichtert ich darüber bin, daß alle Menschen, die ich liebe – bis auf einen –, woanders wohnen. Es wird vielleicht eine Zeit kommen, in der ich es vermissen werde, ein wichtiger Ansprechpartner für ein Kind zu sein, aber mich tröstet die Gewißheit, daß ich das für die Kinder meiner Freunde sein kann. »Ich bin froh, daß du da sein wirst, wenn sie mir als Teenager nichts mehr erzählen will«, sagte neulich eine Freundin zu mir. Doch die Hochzeiten, bei denen ich dabeisein, und die Babys, die ich sehen werde, werden die der anderen sein.

Manchmal kommt es mir merkwürdig, ja sogar anmaßend vor, wenn Patienten mich um Rat bei der Erziehung ihrer Kinder bitten. Ich freue mich immer, wenn sie sagen, meine Ratschläge seien hilfreich, ich könne beide Seiten verstehen und mich in sie einfühlen. Aber ich weiß, daß ich damit an meine Grenzen komme, da mir hier die Erfahrungen aus erster Hand fehlen; ich muß sie aus meinen Erinnerungen herleiten.

Wer, wie ich kürzlich, sein Testament macht, ohne jemandem seinen Besitz vermachen zu können, wird auf eindringliche Weise an seine Sterblichkeit erinnert. Wer soll später einmal meinen Schmuck bekommen? Als Elternteil muß man sich über solche Fragen keine Gedanken machen – die Antworten ergeben sich von selbst, es sei denn, irgend etwas ist zwischen Eltern und Kindern ernstlich schiefgegangen. Es hat etwas Tröstliches und es macht Freude, kostbare Dinge zu erben und sie weiterzuvererben. Ich halte die Erbstücke, die mich mit der Geschichte meiner Familie verbinden, in Ehren, aber ich selbst werde keine vergleichbare Verbindung zur Zukunft haben.

An Rick sah ich, wie ein Mann emotional auf diese Situation reagiert. Er sagte mir, er bedauere es, daß er seinen ungewöhnlichen Familiennamen nicht weitergeben könne. Da sein Bruder zwei Töchter habe, würde in der nächsten Generation die Zahl derer, die Brookhiser hießen, weiter schrumpfen. Das war seine Art zu sagen, daß es ihm leid tat, keinen Sohn und Erben zu haben.

Einen Weg, den Rick fand, um seine Vatergefühle auszuleben – was er allerdings erst merkte, als er das Projekt bereits begonnen hatte, war, ein Buch über George Washington als den erfolgreichsten Mitbegründer eines Staates in der neueren Geschichte zu schreiben. Washington, ein Mann, den er zutiefst bewundert, und von dem er glaubt, daß er weder hinreichend gewürdigt noch in angemessener Weise verstanden wird, besaß außerordentliche väterliche Qualitäten. Aber bezeichnenderweise hatte er, der »Landesvater«, keine eigenen Kinder.

Eine alte Bekannte in meinem Alter, die jetzt in einem anderen Bundesstaat lebt, rief mich an, als sie neun Monate nach ihrer Hochzeit entbunden hatte, um mir mit müder, aber glücklicher Stimme ihr Neugeborenes genauestens zu beschreiben: »Es hat das Kinn von seinem Vater, die Nase von mir, die Haare von uns beiden«, zählte sie auf. Blieb ich da ganz gelassen? Nein – ich fühlte mich unbehaglich, weil ich ihr Glück nicht ganz uneingeschränkt teilen konnte und weil mir ihre Erfahrung so absolut fremd war, obwohl ich mich natürlich auch für sie freute, daß ihr langgehegter Kinderwunsch in Erfüllung gegangen war. Ich spürte, daß wir uns voneinander entfernten, und da sie mir ansonsten ebenbürtig ist – sie ist eine bekannte Wissenschaftlerin, künstlerisch und musikalisch begabt, wahrscheinlich sogar noch ehrgeiziger als ich –, fühlte ich mich im Moment als Verliererin im »Wettbewerb der Superfrauen«. Aber verglichen damit, wie mich dies vor fünf Jahren gequält und wie ich mich selbst damit gemartert hätte, schmerzte es mich kaum.

Es ist klar, daß ein derartig grundlegendes Problem, das jeden Aspekt der Persönlichkeit betrifft, niemals ganz gelöst werden kann, ohne Spuren zu hinterlassen. Und obwohl ich mich manchmal dieser Bekannten gegenüber unterlegen fühle, weil ich gar nicht möchte, was sie hat, weiß ich doch, daß ich sehr wohl das möchte, was ich habe. Meine Welt ist erfüllt und bietet meinem Frausein Raum. Ich hoffe, daß ich mit der Zeit und mit wachsender Erfahrung an Weisheit und Vielseitigkeit gewinne. Ich sehe, wie sich meine Fähigkeit, mich selbst zu verstehen und andere zu lieben, immer weiter entfaltet. Die Wahl ist getroffen – ich werde keinem Baby das Leben schenken, aber ich schenke mir selbst eine erfüllte Existenz.

II.
Wir wählen ein Leben ohne Kinder:
Frauen berichten

Der Zeitpunkt der Entscheidung:
Wann Frauen die Mutterrolle für sich
ausschließen

Nachdem ich die Entscheidung getroffen hatte, kein Kind zu bekommen, wollte ich wissen, welche Erfahrungen andere Frauen gemacht hatten, die zum selben Schluß gekommen waren wie ich. Als meine Freundin Sandra Singer den Artikel zu diesem Thema las, den ich 1989 in der New Yorker Wochenzeitschrift ›Seven Days‹ veröffentlichte, und von meinem Projekt hörte, andere Nicht-Mütter zu interviewen, stellte sie sich spontan zur Verfügung. »Endlich ein Treffer für unsere Seite!« rief diese sonst eigentlich zurückhaltende Frau aus.

Ich entdeckte bald, daß eine solche Reaktion durchaus nicht ungewöhnlich war. So erleichtert, ja geradezu erfreut reagierten viele meiner Interviewpartnerinnen, weil sie mit mir über etwas sprechen konnten, was sie sonst meist schamvoll verschwiegen, wie ein Geheimnis, das man mit niemandem teilen kann. Ich hatte ja oft ähnlich empfunden. So hatten Sandra und ich uns bis zu unserem Interview nie über die signifikante Tatsache, daß wir keine Kinder haben, ausgetauscht, obwohl wir um diese Gemeinsamkeit wußten und uns seit Jahren kannten. Wir sprachen darüber, als wir in der Abenddämmerung in der Nähe des Sommerhäuschens ihrer Eltern auf einen kleinen See hinausruderten und rosa Seerosen pflückten. Während ihrer Kindheit hatte sie jeden Sommer an diesem See verbracht, und nun war sie die einzige von ihren damaligen Spielkameraden, die ohne eigene Familie wiederkam.

Sandra betrachtete ihren Minderheitenstatus in dieser Sommerresidenz ein wenig ironisch, doch ohne Bitterkeit – eine der wenigen Situationen, in denen sie sich als Außenseiterin fühlt. »Ich führe ein Leben«, sagte sie zu mir, »in dem Kinderlosigkeit als etwas völlig Akzeptables erscheint, weil die meisten meiner Freunde keine Kinder haben – nur bei Familientreffen ist das anders. Da bin ich die einzige ohne Kind, und ich komme den anderen dann fast wie unterentwickelt vor. Wenn jemand sagt: ›Sie hat keine Kinder‹, entsteht erst so eine gewisse Stille, und irgend jemand kennt dann immer eine Frau, die noch mit Ende Vierzig ein Kind bekommen hat. Die Leute reden dann in so einem Ton, als ob ich eine tödliche Krankheit hätte.« Sandra versteht mit diesen Reaktionen ganz gut umzugehen, wenn sie sich bewußtmacht, daß die von ihr gewählte Lebensform andere unangenehm berühren kann, da sie »den Kreislauf des Lebens unterbricht«. Aber sie weiß die Vorzüge, die in ihren Augen das, worauf sie verzichtet, aufwiegen, sehr wohl zu schätzen. »Es macht mich traurig, wenn ich mitbekomme, welch eine wunderbare Beziehung manche Eltern zu ihren erwachsenen Kindern haben. Das werde ich selbst niemals erleben«, sagte sie. Und sie fügte hinzu: »Aber natürlich ist mir auf der anderen Seite klar, wie sehr ich mich in meinem Leben frei entfalten kann.«

Sandra Singer hatte mit sechsundzwanzig Jahren eine Vorahnung, daß sie niemals Mutter werden würde. Sie sah damals ein Baby, das vom Aussehen her das Kind hätte sein können, das sie bekommen hätte, wenn sie mit ihrem

Freund zusammengeblieben wäre – doch sie hatte sich gerade von ihm getrennt. Wenn sie sich nicht dafür entschieden hätte, nach Chicago auf die Kunstschule zu gehen, und statt dessen den ehrgeizigen Jurastudenten geheiratet hätte, der ein ganz konventionelles Leben mit Ehefrau und Familie führen wollte, dann hätte die zierliche Sandra mit der sinnlichen Ausstrahlung und den langen rabenschwarzen Haaren diesen kleinen Jungen mit den lebhaften Augen und den schwarzen Locken im Arm gehalten, anstatt ihn sehnsüchtig im Restaurant vom Nachbartisch aus zu betrachten. Aber sie wußte, wenn sie sich zu einer Heirat mit diesem Mann durchgerungen hätte, wäre sie die Frau eines ichbezogenen Autokraten geworden, der die Entwicklung ihrer künstlerischen Begabungen verhindert hätte, so wie ihr Vater die Talente ihrer Mutter im Keim erstickt hatte. Sandras Mutter hatte tatsächlich ihren Freund aus der High-School geheiratet, der als Berufstänzer für Standardtänze anscheinend für alle Ewigkeit nur sich selbst im Rampenlicht sehen wollte, während sie nie wieder einen Pinsel in die Hand nahm. Sie wurde sofort schwanger und verbrachte ihr Leben fortan damit, sich der Familie zu widmen. »Ich habe nie Bewunderung dafür empfinden können, wie meine Mutter lebte«, gab Sandra zu. »Meine Mutter hatte viele unverwirklichte Träume, ich hingegen mache meine wahr.«

Wäre alles anders gelaufen, hätte Sandra sehr wohl selbst Mutter werden können – immerhin hatte sie ihr Foto im Jahrbuch der High-School mit folgender Widmung versehen: »Für meine Kinder: Wie Ihr seht, war Eure Mutter auch mal jung.« Das Leben bot ihr eine Reihe von Gelegenheiten, ihre Entscheidung nochmals zu überdenken. Und das tat sie auch an verschiedenen entscheidenden Punkten in ihrem Leben, am ernsthaftesten mit fünfunddreißig, als sie Ibrahim im orientalischen Nachtclub in Chicagos Greektown kennenlernte, wo sie gelegentlich abends als Bauchtänzerin auftritt. Er war ein iranischer Ingenieur, empfindsam und gefühlsbetont, und brauchte dringend die Greencard. Ibrahim bewunderte ihr Talent, ihre Zielstrebigkeit und ihre exotische Ausstrahlung und entdeckte in ihr einen Unabhängigkeitsdrang, wie er ihn selbst auch verspürte. Obwohl die Versuchung groß war, ihn zu heiraten, tat sie es doch nicht, denn zum einen hatten sie sich ja gerade erst kennengelernt und zum anderen kannte sie die starken Bande, die zwischen ihm und seiner großen, traditionsbewußten Familie im Iran bestanden. So wie Sandras eigene Familie hocherfreut war, daß sie mit ihrem zweiten Beruf in die Fußstapfen ihres Vaters trat, so wäre Ibrahims Familie schockiert gewesen, wenn sie davon erfahren hätte, daß sie als professionelle Tänzerin aufgetreten war. Sandra war sich sicher, daß die beiden Kulturen und Religionen nur noch heftiger aufeinanderprallen würden, wenn Ibrahim und sie zusammen ein Kind hätten.

Sandra war gerade vierzig geworden, als Ibrahim endlich die amerikanische Staatsangehörigkeit erhielt und Arbeit in seinem Metier fand. Die beiden zogen zusammen. Sie hatte sich mittlerweile als Fotografin einen Namen gemacht und wußte genau, was sie wollte. »Von da an war der Druck weg«, erinnert sie sich. »Was ich damals wirklich anstrebte, war nicht, ein Kind zu bekommen, sondern meine erste eigene Ausstellung zu realisieren« – ein Ziel, das sie im selben Jahr erreichte.

Sandra bekam keine Kinder, doch ohne daß sie sich dessen bewußt war, begründete sie letztendlich ihren beruflichen Erfolg hauptsächlich mit Kinderfotos. »Kürzlich stellte mich ein Agent einem Kunden als Frauen- und Kinderfotografin vor. Ich hatte bis dahin noch gar nicht bemerkt, daß so viele meiner Bilder Kinderfotos sind«, sagte Sandra nachdenklich. »Ich weiß, daß ich fähig bin, mit den Kindern, die ich fotografiere, in Kontakt zu kommen. Ich sehe dann die Dinge durch ihre Augen – so, als würde ich sie zum ersten Mal wahrnehmen.«

Sandra ist jetzt ganz zufrieden mit der Wahl, die sie getroffen hat. Sie ist mit Leidenschaft bei der Arbeit, und man trifft sie meistens in ihrer Dunkelkammer an. Ibrahim ist der wichtigste Mensch in ihrem Leben. Sie fühlt sich ihren Freunden und ihren alternden Eltern, die sie schon mehrmals während schwerer Krankheiten gepflegt hat, tief verbunden. Auch die Tochter eines Freundes von Ibrahim, die die Mutter verloren hat, steht ihr sehr nahe. Die Entwicklung dieses Mädchens zu einer außergewöhnlich hübschen jungen Frau hat sie liebevoll auf ihren Fotos festgehalten. Sandra ist besonders stolz darauf, daß ihr Schützling nun auf der Kunstakademie studiert.

Aufgrund ihrer Entscheidung konzentrierte Sandra ihre gesamte Kreativität auf ihre künstlerische Arbeit, was für sie ein Full-Time-Job ist. Sie fand eigene Wege, um ihr Bedürfnis, sich um andere zu kümmern, zu befriedigen. Sandra ist überzeugt, daß ihre Kinderlosigkeit ihre Originalität und künstlerische Ausdruckskraft erhöht hat. »Um gut beobachten und fotografieren zu können, braucht man eine gewisse Distanz«, erklärt sie. »Wenn ich das, was ich in der Welt sehe, aufsaugen will wie ein Schwamm, muß ich frei und unbelastet sein und Dinge so erleben können, als wäre es das erste Mal.« Dennoch weiß sie, daß sie auf gewisse Erfahrungen verzichten muß, genau wie sie andere gewonnen hat. Auch wenn ihr Leben eine andere Richtung genommen hat, als sie erwartete, so ist das doch in Ordnung für sie. »Ich lebe im Frieden mit mir selbst«, resümiert sie.

Ich traf mich mit weiteren kinderlosen Frauen und las die vorhandene Literatur zu diesem Thema, die allerdings nicht sehr umfangreich ist, da das Phänomen erst seit kurzem ins öffentliche Bewußtsein gedrungen ist. Dabei entdeckte ich, daß viele Aspekte von Sandras Geschichte durchaus typisch sind, zum Beispiel der langsame, teilweise unbewußte Entscheidungsprozeß und ihr großes berufliches Engagement. Oft lassen auch die näheren Lebensumstände – zum Beispiel die Einstellung des Lebensgefährten – die Elternschaft problematisch erscheinen, oder es liegt in der Geschichte der jeweiligen Frau begründet, daß sie dazu neigt, früher oder später die universelle Annahme vieler Frauen, Mutterschaft sei von Natur aus der zentrale Aspekt in ihrem Leben, in Frage zu stellen.

Sandra hatte sich durchaus vorstellen können, Mutter zu werden – so wie viele Frauen, mit denen ich sprach –, und hatte sich erst im Laufe der Zeit gegen ein eigenes Kind entschieden. Vor kurzem, mit Mitte Vierzig, überdachte sie ihre Entscheidung sogar noch einmal halbwegs ernsthaft, als sie einen Artikel über Spätgebärende las. Wie die meisten Frauen in ihrer Lage sah sie ihre Kinderlosigkeit in erster Linie positiv, obwohl sie auch ein Gefühl des Verlustes empfand. Sie gehört zu der Kategorie von Frauen, die die Forscher als »postponer« (auf deutsch etwa »Entscheidungsvertager«) bezeichnen, da sie sich, solange sie noch Kinder bekommen können, nicht definitiv dazu entschließen, kinderlos zu bleiben (oder es wie ich akzeptieren, daß sie sich bereits dazu entschieden haben). Dem Aufsatz von den Soziologen William Mosher und Christine Bachrach »Childlessness in the United States« (»Kinderlosigkeit in den USA«) im ›Journal of Family Issues‹ zufolge (Dezember 1982), treffen zwei Drittel aller Frauen, die sich schließlich für die Kinderlosigkeit entscheiden, ihre Wahl auf die gleiche Weise wie Sandra.

Für das vorliegende Buch habe ich insgesamt fünfzig Frauen im Alter von zweiundzwanzig bis zweiundsiebzig Jahren aus allen Teilen des Landes interviewt. Sie alle haben die bewußte Entscheidung gegen eine eigene Familie getroffen. Nur unter den jüngsten Frauen hatten sich einige noch nicht entschieden, tendierten jedoch stark in diese Richtung. Sie wären alle in der Lage gewesen, Kinder zu bekommen, wenn sie gewollt hätten – bei allen gab es einen Mann im Leben, die meisten waren verheiratet. Bei keiner sprach aus medizinischer Sicht etwas zwingend dagegen, ein Kind zu bekommen, und es zwangen sie auch keine äußeren Umstände dazu, auf Kinder zu verzichten. Ich sprach überwiegend mit weißen Amerikanerinnen, es waren aber auch einige Asiatinnen, Hispano-Amerikanerinnen und Schwarze unten meinen Interwiewpartnerinnen. Die meisten kamen aus der Mittelschicht, waren berufstätig und lebten in der Großstadt, einige aber auch am Stadtrand oder in kleineren Städten, und manche hatten sogar als einzige in ihrer Gemeinde keine Kinder.

Wie Sandra gingen ziemlich viele einem künstlerischen Beruf nach, aber ich interviewte auch Sekretärinnen, Juristinnen, Krankenschwestern und eine Hausfrau. Eine ganze Reihe von ihnen hatte eine Psychotherapie gemacht, manchmal mit dem Ziel, die eigenen Gefühle in bezug auf eine Mutterschaft zu klären. Viele beschrieben sich selbst als Nonkonformistinnen und wiesen darauf hin, daß sie die einzigen unter ihren Geschwistern waren, die keinen Nachwuchs hatten und die von ihrem Geburtsort weggezogen waren. Das Alter, in dem die Entscheidung getroffen wurde, reichte von vier bis über fünfundvierzig.

Diese Stichprobe erfüllt zwar keine wissenschaftlichen Kriterien, entspricht aber trotzdem ziemlich genau dem Bevölkerungsanteil der amerikanischen Frauen, die freiwillig kinderlos bleiben, das heißt, fünf bis fünfzehn Prozent, je nachdem, nach welchen Gesichtspunkten die Statistiken erstellt wurden. Mosher und Bachrach zitieren Studien, die zeigen, daß diese Frauen, genau wie meine Gesprächspartnerinnen, typischerweise Erstgeborene oder Einzelkinder sind, und daß sie in mehreren Aspekten unkonventionell sind. Insgesamt gesehen sind sie gebildeter und weltoffener, weniger religiös und haben mit größerer Wahrscheinlichkeit einen Beruf als dies bei Frauen mit Kindern der Fall ist. Am meisten sticht jedoch hervor, daß sie sich bewußt gegen die Rolle entschieden haben, die die meisten Frauen noch automatisch übernehmen.

Sandra Singers langsam gereifte Entscheidung für die Kinderlosigkeit war also durchaus nicht ungewöhnlich. Ganz anders verlief dieser Prozeß bei Tess Clark aus Memphis, Tennessee. Ihre Entscheidung gegen die Mutterrolle fällte sie »früh und unwiderruflich«. »Mit acht entschied ich mich, niemals Mutter zu werden, und davon bin ich seither nie mehr abgekommen«, erklärte die lebhafte rothaarige Choreographin in ihrem breiten Südstaaten-Englisch. »Ich war mir immer ganz sicher und hatte nie Zweifel.«

Selbst wenn sie und ihre Freundinnen mit Puppen spielten, kam sie nicht auf die Idee, die Mutterrolle zu übernehmen. »Ich legte eindeutig fest, was meine Rolle war«, erinnerte sie sich. »Entweder war ich die Tänzerin, die Choreographin oder die Krankenschwester, weil mein Vater zu der Zeit sehr krank war. Die Mami spielten die anderen, und ich sagte auch immer: ›Ich bin *nicht* die Mami.‹«

Und dafür hatte Tess gute Gründe, die damit zusammenhingen, wie ihre eigene Mutter sie behandelt hatte und wie sie das Leben ihrer Mutter wahrgenommen hatte. So wie Tess es sah, hatte ihre Mutter nur deswegen Kinder bekommen, weil ihr Vater darauf bestanden hatte. Er liebte Tess über alles und förderte ihre Begabung. Bis zu seinem Tod – Tess war elf, als er starb – rivalisierten Mutter und Tochter offen um seine Zuneigung. »Meine Mutter konnte Kinder nicht leiden, sie wollte keine eigenen, und das ließ sie mich spüren«, sagte sie. Ihre Stimme verriet noch eine Spur von Bitterkeit, obwohl sie ihrer Mutter, die vor Jahren gestorben

war, schon vor langer Zeit so gut sie konnte vergeben hatte.
»Sie gab mir die Schuld am Tod meines Vaters, da er meinetwegen so hart gearbeitet hatte.« Nach seinem Tod verhielt sich die zu Depressionen neigende Mutter noch abweisender und vernachlässigte ihre Tochter noch mehr, so daß Tess sich mehrere Ersatzmütter suchte. Wie es der Zufall wollte, hatte keine von ihnen eigene Kinder. Tess' Vorbilder waren die Schauspielerin, die ihr Sprechunterricht gab, und die Schauspiellehrerin, die ihr den Glamour und den Zauber der Kinowelt nahebrachte. Tess sagt, daß die beiden ihr psychologisch gesehen das Leben gerettet hätten. Sie eiferte ihnen nach, indem sie selbst eine Tänzerin und eine Lehrerin mit Charisma wurde.

Obwohl man sich kaum vorstellen kann, daß es Tess zweimal gibt, hätte sie fast eine Zwillingsschwester gehabt: bei ihrer Geburt hatte sie Fortpflanzungsorgane in doppelter Ausfertigung. »Ich war Frau genug für zwei«, bekannte sie fröhlich. Bei jeder der sechs Operationen, denen sie sich deswegen in ihrer Pubertät unterziehen mußte, wollten ihr die Ärzte unbedingt den Uterus wiederherstellen, um ihr – trotz ihres heftigen Widerstandes – die Gebärfähigkeit zu erhalten. Obwohl viele Frauen kämpfen müssen, um genau das Gegenteil zu erreichen, nämlich eine überflüssige Entfernung ihrer Gebärmutter zu verhindern, wäre nach Tess' Meinung eine Totaloperation in ihrem Fall die humanere und vernünftigere Lösung gewesen. So hatte sie nur zusätzliche Schmerzen erdulden müssen. Die Empörung darüber, daß man einfach über ihre Wünsche hinwegging, verstärkte nur ihren Widerstand und ihren Entschluß, kinderlos zu bleiben.

Als Tess achtzehn wurde, konnte sie es nicht mehr ertragen, mit ihrer Mutter unter einem Dach zu leben. Sie verlobte sich mit einem Mann, der fast eine Kopie ihres Vaters zu sein schien, und wollte mit ihm durchbrennen. Auch noch nach dreißig Jahren hält sie ihn für ihre große Liebe.

Das einzige Problem, das sie mit Dick hatte, war, daß er ein Kindernarr war und auf jeden Fall selbst mehrere eigene Kinder wollte. Hin- und hergerissen zwischen der leidenschaftlichen Liebe zu ihm und der Aversion gegen ein Leben, das dem ihrer Mutter beängstigend ähnlich gesehen hätte, flüchtete sich Tess nach New York und wurde Tänzerin am Broadway. »Meine Überzeugung, nicht Mutter werden zu wollen, wurde durch die Auflösung unserer Verlobung am härtesten auf die Probe gestellt«, sagte sie zu mir, und ihre Augen begannen immer noch zu leuchten, als sie über den Mann sprach, den sie hatte aufgeben müssen für etwas, was ihr noch wichtiger war als er.

Nun hat die temperamentvolle, ständig umherreisende Tess ihren Wohnsitz an die Westküste verlegt, gibt Tanzunterricht im ganzen Land und hat schon einige erfolgreiche Revuen choreographiert. Obwohl sie nie heiratete, hatte sie mehrere längere Beziehungen. In ihrem selbstgewählten Umfeld beunruhigt es sie nicht, unkonventionell zu leben, aber wenn sie ihre Familie besucht, fühlt sie sich immer ein wenig von ihr entfremdet. »Alle meine Verwandten außer mir haben Kinder – etwas anderes ist für sie undenkbar«, erzählte sie. »Ich traute mich mit niemandem aus der Familie darüber zu reden, und bei Familienfeiern fühlte ich mich wie mit einem Stigma behaftet. Aber ich finde Unterstützung und Rat bei meinen Freunden und Berufskollegen, von denen viele schwul sind.« Sie glaubt allerdings auch, daß sich die allgemeine Einstellung gegenüber kinderlosen Frauen inzwischen geändert hat: »Keine Kinder zu haben wird heute weitaus eher akzeptiert als früher. Man wird nicht mehr wie eine Ausgestoßene behandelt, wenn man selbstbewußt auftritt und nicht traurig, mitleiderregend und unausgefüllt wirkt.« Mit der ihr eigenen Extravaganz feierte sie ihren vierzigsten Geburtstag mit vierzig geladenen Verehrern, und zum anstehenden fünfzigsten sollen es fünfzig sein. Und was ihre Entscheidung und deren Konsequenzen betrifft, empfindet sie »keine, aber auch gar keine Reue.«

Tess gehört zu der Gruppe von Frauen, die die Forschung als »early articulators« (»früh Entschlossene«) bezeichnet. Es sind dies über ein Drittel der Frauen ohne Kinder, die kategorisch und ohne an ihrer Entscheidung zu zweifeln schon in jungen Jahren die Mutterrolle für sich abgelehnt haben. Wie Tess sehen sie Mutterschaft vollkommen negativ. Der Wunsch, sich von Müttern generell zu distanzieren (bei der eigenen angefangen) ist ein entscheidender Aspekt ihrer Identität. Die Beziehung zur Mutter war für gewöhnlich konfliktbeladen und sie hatten das dringende Bedürfnis, sich auf radikale Weise emotional von ihr zu lösen. Eine Mutterschaft in Betracht zu ziehen, hieße für sie, sich unbewußt noch einmal mit dem in ihrer Kindheit erlebten Schmerz zu konfrontieren. Für einige von ihnen wäre dieser Schmerz so stark gewesen, daß sie sich sterilisieren ließen, um jede Wahrscheinlichkeit, Mutter zu werden, auszuschließen. Ob Frauen wie Tess heiraten, hängt von der Bereitwilligkeit ihres künftigen Mannes ab, auf Kinder zu verzichten – oftmals ein wichtiges Element ihrer Beziehung. So verhält es sich bei Janet Frank, einer anderen Frau, die sozusagen von Geburt an wußte, daß sie keine Kinder wollte, und die ebenfalls von ihrer Mutter nur Ablehnung erfuhr. Sie sagte: »Einer der Gründe, warum ich mich für meinen Mann entschieden habe, ist, daß wir beide keine Kinder wollten.«

»Unsere Reisen waren uns wichtiger«, lautet das Resümee der sechsundsechzigjährigen Barbara Cowan, als sie beschreibt, wie sie und ihr Mann John stillschweigend und ohne große Emotionen, aber ganz entschieden, in den ersten Jahren ihrer Ehe übereingekommen waren, daß Elternschaft nicht das richtige für sie sei – ein ungewöhnlicher Entschluß für die damalige Zeit (1952). Mit sechsundzwanzig, also im gleichen Alter wie Sandra, als diese »ihr« Kind im Restaurant erblickte, nur eine Generation früher, hatte Barbara gerade geheiratet und ging mit ihrem frisch angetrauten Ehemann nach Paris. Dort genossen sie zwei Jahre lang das bohèmehafte Leben im Ausland. Er arbeitete an seiner Dissertation über Französisch-Indochina und sie studierte südostasiatische Kunst. Barbara traf ihre Entscheidung, ohne besonders über die Ursachen nachzudenken, und ihr Mann traf stillschweigend die gleiche. Als es an der Zeit war, in die Staaten zurückzukehren, war ihnen klar – ohne daß sie jemals ein Wort darüber verloren hätten –, daß sie beide keine Familie wollten, und John unterzog sich einer Vasektomie. »Unser Entschluß, keine Kinder zu bekommen, war damit besiegelt«, erinnerte sich Barbara vierzig Jahre später, als ich sie in ihrer fernöstlich anmutenden Wohnung in Boston besuchte. »Wir mußten uns niemals zusammensetzen und darüber sprechen.«

John wurde Geschichtsprofessor, und Barbara arbeitete als Agentin für asiatische Künstler – so konnte sie ihre künstlerische Neigung professionell einsetzen. Das Fernweh der beiden hielt unvermindert an, und sie gaben einander ihr Wort, jedes Jahr mindestens drei Monate im Ausland zu verbringen. Über die Jahre hinweg hatten sie in Städten wie Seoul und Bangkok gelebt, und gleich nach meinem Besuch wollten sie nach Lissabon aufbrechen.

Die Cowans trafen ihre Entscheidung in einer Zeit, in der gewollte Kinderlosigkeit noch ungewöhnlicher war als heutzutage, aber Barbara hat diesen Schritt nie bereut. Sie ist stolz darauf, jüngeren Frauen, die sich nicht entscheiden können, ob sie Mutter werden sollen oder nicht, als Vorbild dienen zu können. Sie bestärkt sie darin, daß sie auch ohne Kinder eine vollwertige Frau sind und ein erfülltes Leben führen können. »Für mich sind John und ich eine richtige Familie«, setzte sie hinzu. Sie kann ihr Leben durchaus als erfüllt betrachten, denn sie hat wesentlich dazu beigetragen, daß viele begabte asiatische Künstler im Westen bekannt wurden. Sie hat die Gewißheit, diese Talente gefördert zu haben, und hat deren Kultur so unmittelbar und intensiv erfahren, wie es nur wenigen Außenstehenden vergönnt ist.

Sandra, Tess und Barbara haben alle drei der eigenen Persönlichkeit und dem eigenen emotionalen »Fahrplan« gemäß ihre Entscheidung getroffen und damit gelebt. Für Simonetta Fracci, eine zweiunddreißigjährige Bühnenautorin, ist der Konflikt noch höchst akut. Sie schilderte mir anschaulich, wie sie unentwegt versuchte, sich darüber klarzuwerden, was sie tun sollte.

Simonetta, eine honigblonde Frau von schlanker, geschmeidiger Erscheinung, kämpft um ihren Erfolg in einem Beruf, der eine Männerdomäne ist genau wie die Baubranche, aber weitaus weniger lukrativ. »Es heißt, daß man ein sehr starkes Ego braucht, um erfolgreich Theaterstücke zu schreiben, und ich glaube, das habe ich«, sagte sie lachend. Gerade konnte sie ihre Werke bei mehreren Probelesungen vorstellen, und sie hofft, nun bald ihre erste professionelle Aufführung inszenieren zu können. Unterdessen verdient sie ihren Lebensunterhalt als Teilzeitredakteurin bei einer Zeitung. Jake, ihr Mann, ist Schauspieler und häufig unterwegs. Sie haben eine winzige Wohnung in Brooklyn, völlig unregelmäßige Arbeitszeiten und sind nicht versichert.

»Für mich ist die Frage: Möchte ich gerne ein Kind oder glaube ich nur, daß ich mir eines wünsche, weil das bei jeder Frau so sein muß? Das steckt so tief in einem drin. Immer, wenn ich auf den Geburtsanzeigen, die ins Haus flatterten, all die Bilder von Störchen und so weiter sah, merkte ich, daß ich gar nicht genau weiß, was ich will. Das hinterläßt bei mir ein Gefühl von ziemlicher Schwäche. Aber so wie ich lebe – sowohl, was die finanzielle Absicherung als auch, was meinen Lebensstil angeht –, sehe ich keine Möglichkeit, nebenbei auch noch ein Kind zu versorgen. Meine Lage ist dafür schlichtweg denkbar ungeeignet. Meine Mutter war unglaublich fürsorglich, und ich habe ein sehr gutes Verhältnis zu ihr, aber ich fürchte, ein Kind würde die Dinge für uns immens verkomplizieren. Es ist ja so im Leben, daß eins mit dem anderen zusammenhängt. Wenn ich mich dafür entscheiden würde, ein Kind zu bekommen, müßte ich mein gesamtes Leben ändern und alles, was ich aufgebaut habe, über den Haufen werfen.« Simonetta ist das jüngste von vier Kindern italienischer Einwanderer. Ihr Vater, ein Forscher und Erfinder, baute das erste Fiberglas-Boot. Obwohl Simonetta beide Eltern bewundert, hat sie doch eindeutig das Gefühl, daß das Familienleben die Kreativität ihres Vaters stark beeinträchtigte, was seinem launenhaften Naturell und seinen Frustrationsgefühlen zusätzlich Nahrung gab. Die Mutter, die sich lange Zeit allein um die Kinder kümmern mußte, war liebevoll, wollte aber alles unter ihrer Kontrolle haben und hatte keinerlei eigene Interessen. Obwohl Simonettas Pubertät ungewöhnlich stürmisch verlief, hat sie jetzt wieder engen Kontakt zu ihrer Familie. »Meine Protestphase ist überwunden«, so ihr Kommentar. Was davon blieb, ist »eine unerschütterliche und unglaublich große Freiheitsliebe«.

Simonetta wurde süchtig nach dieser Freiheit, als sie nach ihrem Studienabschluß nach New York kam. »Da fing das Leben erst richtig für mich an«, erinnerte sie sich. »Ich habe mich voll auf das Schreiben gestürzt und zwei wundervolle Jahre verlebt, in denen ich mich mit anderen Studenten messen konnte. Ich wollte meine Stücke aufführen und fand mich selbst. Und ich verliebte mich über beide Ohren.«

Der Freiraum, den man beim Schreiben braucht, steht aber in den Augen Simonettas im Konflikt mit den Anforderungen, die das Familienleben mit sich bringt. Sie weiß auch, daß das nicht bei jeder Schriftstellerin so sein muß, aber sie befürchtet, daß es bei ihr der Fall sein würde. »Viele Leute sagen, ich hätte genau den richtigen Beruf, um ein Kind haben zu können, aber ich glaube nicht, daß das stimmt«, sagte sie zu mir. Ihrer Meinung nach liegt ein Teil ihres Konflikts darin begründet, daß sie unter dem inneren Druck steht, beide Rollen spielen zu müssen: die ihres Vaters und die ihrer Mutter. »Es steckt einfach in mir drin – irgendwo ganz tief im Innersten denke ich, ich muß all das in mir verkörpern. Wenn ich zugeben müßte, daß ich das nicht kann, wäre das eine echte Niederlage.«

Viele meiner Gesprächspartnerinnen teilen die Ängste, die Simonetta quälen. Sie schilderte sie folgendermaßen: Wenn sie sich gegen Mutterschaft entscheidet, dann »fürchte ich, als Frau nicht ausgefüllt zu sein, und daß ich eines Tages mit fünfzig aufwache und sagen muß, ›nun hast du es verspielt‹. Aber ich kann tagelang darüber nachdenken, was ich alles tun kann, nur weil ich keine Kinder habe. Wie könnte ich schreiben, wenn im Nebenzimmer die Kinder wären? Kann man wirklich gleichzeitig bügeln *und* schreiben?

Folglich muß man sich fragen: Was opfere ich?«

Obwohl sie selbst liebevolle Eltern hatte, kann sie bei ihren Bekannten wenig Freude am Familienleben ausmachen – eine Erfahrung, die kinderlose Frauen oft beschreiben, als hätten sie auf diese Weise ein rationales Argument für ihr Bedürfnis nach Kinderlosigkeit gefunden – ein Bedürfnis, das sie beunruhigt. »Das Leben all meiner Bekannten mit Kindern kommt mir nicht sehr erstrebenswert vor«, sagt Simonetta. »So würde ich nicht leben wollen. Sie werden ihren Überzeugungen untreu, sie haben nie richtig Zeit für irgend etwas, und sie sind nie wirklich ›da‹.« Sie nimmt also eigentlich die weniger populäre Position für sich in Anspruch, obwohl sie die, die ihr sicher, bequem und konventionell erscheint, mit leicht neidischen Blicken betrachtet: »Aber dann überkommt mich doch manchmal Sehnsucht danach, Blumen zu pflanzen, zu Hause zu bleiben, Kinder zu haben und in geordneten Verhältnissen zu leben. Wer das nicht tut, wird schnell auf eine Stufe gestellt mit den Hexen in Arthur Millers ›Hexenjagd‹, mit diesem anderen Leben, das so unbekannt und geheimnisvoll ist.«

Ihre Träume über ein eigenes Kind endeten bis jetzt ganz unterschiedlich – sie träumt, daß ihr ein Baby in die Arme gelegt wird, und dann ist sie entweder entsetzt oder sie drückt es erleichtert und voller Freude an sich.

Einer der Hauptgründe, warum Simonetta davor zurückschreckt, grundsätzlich auf eigene Kinder zu verzichten, ist die Tatsache, daß ihr Mann Jake mit Sicherheit ein wundervoller Vater wäre. Jake Donner ist gewitzt, geradeheraus und außerordentlich stolz auf seine begabte junge Frau. Die Kinderfrage sehen beide als gemeinsamen Entscheidungsprozeß, bei dem sie sich gegenseitig unterstützen; doch sind die Gefühle der beiden immer noch zwiespältig.

»Weil wir so schnell geheiratet haben, dachten alle, wir müßten doch Kinder bekommen, und als dann nichts passierte, waren sie irritiert«, erzählte Jake. »Und da wir uns so unseriöse Berufe ausgesucht haben, haben wir keine sicheren Arbeitsplätze und investieren fürchterlich viel Zeit und Energie in unsere Karriere. Jetzt sind wir flexibel genug, um immer am Ball zu bleiben. Ich kann mir nicht vorstellen, wie wir in unserer kleinen Wohnung und in dieser finanziellen Situation ein Kind haben könnten. Wir sind beide so sehr auf unseren Job fixiert, daß ein Kind für unsere Beziehung einfach eine Belastung darstellen würde.«

Da Jake als einziger von seinen Geschwistern geheiratet hat, setzen ihn seine Eltern schon ein bißchen unter Druck, weil sie auf ein Enkelkind warten, aber der eigentliche Druck, den er spürt, den machen er und seine Frau sich selbst. »Ich weiß, daß Kinder in gewisser Hinsicht die Krönung der Familie und des Lebens sind, aber wenn wir welche hätten, dann müßten wir mit dem aufhören, was unsere eigentliche Aufgabe in dieser Welt ist.«

Obwohl laut Statistik die Tendenz dahin geht, daß Paare, die nach fünf Ehejahren noch kinderlos sind, es auch weiterhin bleiben, ringen Simonetta und Jake noch nach zehn Jahren um eine endgültige Entscheidung. Aber die Art und Weise, in der sie dies tun, läßt mich sicher sein, daß sie die Entscheidung treffen werden, die für sie die richtige ist, wie auch immer sie letztendlich ausfallen wird.

Für viele Frauen ist es hart, die Worte »ich entscheide mich dafür, niemals Mutter zu werden« auszusprechen – so befrachtet klingt diese Aussage und so endgültig, als schlösse sich eine Tür für immer. Die Minderheit, die sich, so wie Tess, zu dieser Aussage ohne Schwierigkeiten bekennt, stellt einen Sonderfall dar. Die Ablehnung der Mutterrolle war für diese Frauen identitätsstiftend. Frauen wie Barbara, die sich früh und leicht entscheiden, sind ebenso selten. Weitaus typischer ist eine Kombination aus Entscheidungsverzögerung, Unsicherheit und ambivalenten Gefühlen wie bei Sandra oder Simonetta. Für sie ist wie für die meisten Frauen – mich eingeschlossen – Mutterschaft so grundlegend mit ihrer Vorstellung von Weiblichkeit verbunden, daß sie Zeit brauchen, um eine neue Identität zu finden, und sie scheuen davor zurück, Fakten zu schaffen, bevor die Biologie ihnen das abnimmt.

Die Frage, ob sie Kinder haben wollen oder nicht, ist für eine wachsende Zahl von Frauen ein ernsthaftes Problem, mit dem sie sich über Jahre auseinandersetzen, und mit dem sie immer wieder von Neuem konfrontiert werden, wenn die Umstände sie wieder einmal darauf stoßen. So ist es nichts Ungewöhnliches, in kritischen Momenten, zum Beispiel bei einer Geburt oder einem Todesfall in der Familie, eine Position, die unumstößlich schien, noch einmal zu überdenken, egal, in welche Richtung sie vorher tendierte.

Die meisten Frauen, die ich interviewt habe, hatten – so wie Sandra und ich – ihre Entscheidung allmählich getroffen – eine Entscheidung, die langsam reifte und sich erst mit der Zeit festigte. Der langwierige, komplexe und teilweise unbewußt ablaufende Prozeß spiegelt die Ängste wider, die wohl jede verantwortungsbewußte Frau natürlicherweise empfindet, wenn sie über ein so wichtiges und zentrales Thema wie Mutterschaft nachdenkt.

Die Biologie setzt dem Prozeß der Entscheidungsfindung unverrückbare zeitliche Grenzen. Wie eine Frau mit dieser Tatsache umgeht – ob sie die Möglichkeit, Mutter zu werden, sofort ausschließt, dies systematisch oder nur sporadisch überdenkt, oder die Entscheidung endlos in die Länge zieht –, hängt von ihrer Persönlichkeit und ihren Lebensumständen ab. Natürlich bedeutet die Entscheidung gegen eigene Kinder für eine Vierundvierzigjährige etwas ganz anderes als für eine Vierjährige. Je früher eine Frau für sich in Anspruch nimmt, zu »wissen«, daß sie keine Kinder möchte, desto weniger macht ihr diese Entscheidung zu schaffen. Doch mit dieser frühen Entscheidung spaltet sie auch etwas von sich ab – die Aspekte ihres Selbst nämlich, die unauslöschlich von ihrer Beziehung zur Mutter geprägt wurden –, so schmerzlich und problematisch dies auch sein mag. Je wichtiger die Mutterrolle für die Identität einer Frau ist, desto länger braucht sie, um sich von dieser Rolle zu lösen, und desto mehr »Beweise« müssen ihre Entscheidung stützen, wie zum Beispiel Simonettas Beobachtungen über die negativen Auswirkungen des Familienlebens.

Doch egal, wann er stattfindet, dieser gefühls- und verstandesmäßige Sinneswandel, der zur Kinderlosigkeit führt, beziehungsweise die Erkenntnis, daß er bereits stillschweigend stattgefunden hat, erfordert einen sehr großen emotionalen Kraftaufwand.

Die Stunde der Wahrheit

Ich selbst bin nicht durch ein einschneidendes Ereignis zu meiner Entscheidung gelangt, aber viele der Frauen, mit denen ich sprach, beschrieben eine solche Erfahrung, die zu einem Wendepunkt in ihrem Leben führte. Diese Begebenheiten konnten ganz unterschiedlich aussehen. Einige berichteten, daß etwas scheinbar so Triviales wie ein Gespräch, ein flüchtiger Gedanke oder ein Bild sich auf unerklärliche Weise in ihrem Bewußtsein festsetzte und ihnen einen wesentlichen Gesichtspunkt vor Augen führte, der für die Kinderlosigkeit sprach. Wie signifikant diese Begebenheiten waren, wurde oftmals erst im Gespräch klar. Andere erinnerten sich an zentrale Ereignisse oder bedeutende Wendepunkte im Leben, die besonders dramatisch oder ungewöhnlich verlaufen waren und die für sie die Ausgangspunkte waren, von denen aus ihr Entschluß Gestalt angenommen hatte.

Für nur wenige Frauen ist die Entscheidung für oder gegen ein Kind so konfliktbeladen wie es bei Rachel Randolph, einer fünfunddreißigjährigen Journalistin, der Fall war. Sie lebte damals in Kaschmir, wo ihr Mann Kulturattaché war, machte dort Reportagen über den Konflikt zwischen Hindus und Moslems und recherchierte für ein Buch über islamische Frauen. In der traditionellen Tracht der Kaschmiri, die kurzen rotblonden Haare von einem Schleier bedeckt, durchstreifte sie die Altstadt der Hauptstadt Srinagar und besuchte viele einheimische Familien. Eines Tages kam ein Bekannter von ihr, ein Mann, dessen Familie schon seit Generationen Schußwaffen für den ortsansässigen Adel herstellte, mit einem drei Monate alten Kind in die amerikanische Botschaft und verlangte sie zu sprechen. »Nimm meinen jüngsten Sohn an Kindes Statt, damit er ein besseres Leben in Amerika hat«, sagte er und hielt ihr das bezaubernde, quicklebendige Kind hin. »Er ist der Stolz meiner Familie. Erziehe ihn zu einem guten Moslem, oder, wenn dir das nicht möglich ist, zu einem guten Christen. Du brauchst einen Sohn – sonst fehlt dir etwas in deinem Leben.« Er versicherte ihr, daß seine Frau und sein Vater diesen Plan begeistert unterstützten. Rachel war tief bewegt von dieser inständigen Bitte und hatte den kleinen Jungen gleich ins Herz geschlossen. Sie erbat sich Bedenkzeit.

Rachel hätte niemals gedacht, daß sie wieder mit einer Frage konfrontiert werden würde, die sie eigentlich schon vor zehn Jahren für sich beantwortet hatte. Als sie und ihr Mann frisch verheiratet waren und sie nicht gleich schwanger wurde, unterzog sie sich auf sein Drängen hin acht Monate lang einer Fruchtbarkeitsuntersuchung. »Während all dieser Tests ertappte ich mich plötzlich bei dem Gedanken: ›Möchte ich das denn wirklich?‹. Ich war mir da gar nicht mehr so sicher und wurde wütend auf Ray, weil diese Untersuchungen seine Idee gewesen waren«, erinnerte sich Rachel. Daraufhin faßten beide den gemeinsamen Entschluß, die Tests zu beenden. War nun das Angebot des Kaschmiri verlockend genug, sie dazu zu bringen, ihre Meinung über Bord zu werfen und ihr Leben und das ihres Mannes radikal zu verändern?

Es stand völlig außer Zweifel, daß sie eine gute Mutter sein könnte. Rachel war vernarrt in ihre Nichten und konnte sich so gut in die kindliche Vorstellungswelt einfühlen, daß sie sich mit dem Gedanken trug, Kinderbücher zu schreiben. Sie wußte, daß sie und Ray diesem kleinen Jungen Chancen bieten konnten, die er ohne sie niemals haben würde. Sein kluger Vater hätte keine besseren Adoptiveltern finden können, zumal ihnen die Kultur des Heimatlandes dieses Kindes so vertraut war. Aber Rachel war nicht bereit, seßhaft zu werden, sei es in Srinagar oder zu Hause, um für die geregelten Lebensumstände zu sorgen, die der Kleine ihrer Meinung nach gebraucht hätte. Das Kind zu sich zu nehmen hätte bedeutet, zu einer Lebensweise zurückzukehren, die sie für sich abgelehnt und die ihre eigene Mutter frustriert und unglücklich gemacht hatte. »Meine Mutter«, sagte sie, »war eine von jenen Frauen, die besser niemals Kinder gehabt hätten. Sie war Einkäuferin im Einzelhandel, gab aber ihre Karriere für meinen Vater auf und bekam ein Kind nach dem anderen. Als junge Mutter war sie oft aufbrausend, wußte aber selbst nie, warum.«

Rachel hatte nicht die Art von Beruf, die man auch halbtags ausüben kann. Sie hatte ein ungewöhnlich abenteuerliches und ziemlich gefährliches Leben als Kriegsberichterstatterin in mehreren islamischen Ländern geführt, und war von ihrer Arbeit total begeistert. »Ich lebe nun mal gerne so, als hätte ich nichts zu verlieren«, erklärte sie. »Ich liebe das Gefühl, bis an meine Grenzen gehen zu können, ohne daß mich irgend etwas bremst – genau das ist das Kreative an meinem Job. Mit einer Familie könnte ich das nicht mehr. Wäre ich wohl nach Afghanistan gegangen, wo es von Guerilleros nur so wimmelt, wenn zu Hause ein Kind auf mich gewartet hätte? Es ist für mich viel einfacher, meiner Arbeit nachzugehen, wenn ich in der Hinsicht unbelastet bin.« Daneben gab es auch praktische Erwägungen: Würde sie nicht auch den ganzen riesigen Clan von Kaschmir-Waffenschmieden mitadoptieren, die eines Tages alle bei ihr vor der Tür stehen würden?

»Ich habe einen Monat gebraucht, um mich zu entscheiden. Aber es war in jeder Hinsicht richtig, daß ich das Kind nicht adoptiert habe«, erzählte mir Rachel zehn Jahre später, als sie in New York City auf einer Werbetour für ihr jüngstes Buch war. »Und doch – diese Geste des Kind-Schenkens war schon sehr verlockend. Das Schicksal scheint mir die Kinder geradezu in die Arme geworfen zu haben.«

Es war in der Tat nicht das einzige Mal, daß Rachel beinahe ein Kind adoptiert hätte; in Indien wollte man ihr auf derselben Reise mehrmals kleine Mädchen »schenken«. Obwohl sie jedesmal versucht war, das Angebot anzunehmen und von den Kindern sehr angetan war, wußte sie, daß sie ablehnen mußte, denn entgegen der Worte des Kaschmiri empfand sie ihr Leben als wirklich erfüllt.

Einige Jahre nach dem Vorfall in Kaschmir kehrte Rachel schließlich in die Vereinigten Staaten zurück und begann Jugendromane über junge Mädchen zu schreiben, die in der ihr so vertrauten islamischen Gesellschaft aufwuchsen. Wie bei der Fotografin Sandra Singer nehmen also auch bei Rachel Kinder durch ihre Arbeit einen wichtigen Platz in ihrem Leben ein.

Rachel lehnte es ab, das Kind anderer Leute aufzuziehen; an Tammy Lyons wurde eine ganz andere, genauso herzzerreißende Bitte gerichtet. »Kannst du nicht für mich ein Kind bekommen?«, bat ihre beste Freundin sie vom Krankenhausbett aus, wo sie nach dem Abbruch einer Eileiter-Schwangerschaft lag, an der sie fast gestorben wäre.

Tammys Freundin Joan konnte es nicht erwarten, eine eigene Familie zu haben. Sie hatten als Studentinnen zusammen ein Zimmer bewohnt, als Tammy von Tucson, Arizona, nach San Francisco gezogen war, um Kunstlehrerin zu werden. Auch später waren sie Freundinnen geblieben. Tammy war Brautjungfer bei Joans Hochzeit, und als Joan schwanger wurde, erfuhr Tammy es als erste. Und Tammy hatte mit Joans Familie während der lebensnotwendigen Operation voller Angst gewartet und ihr danach beigestanden, als sie, keinem Trost zugänglich, verzweifelt weinte. Und nun bat Joan die fünfundzwanzigjährige Tammy, an ihrer Stelle Mutter zu werden – mit Joans Mann als Vater.

In ihrem übergroßen Kummer war Joan unfähig, sich die Folgen eines derartigen »Gefallens« auszumalen. Und

Tammy machte sich aufgrund ihrer eigenen Vorgeschichte mehr Gedanken darüber, warum sie diese Bitte nicht erfüllen wollte, als sich über die Ungeheuerlichkeit der Frage aufzuhalten. »Es kam mir so vor, als müsse es mein Schicksal sein, ihrem Wunsch nachzukommen«, erklärte sie. Als Tochter einer Alkoholikerin und eines unfähigen Vaters hatte sie schon in jungen Jahren Zuflucht in einem Kloster in Tucson gesucht, und die Nonnen wurden ihre Ersatzfamilie. »Die Nonnen haben mir das Leben gerettet«, sagte sie zu mir. Tammy verehrte sie abgöttisch. Sie wollte eigentlich genau wie die Schwestern niemals heiraten und Kinder bekommen, sondern dem Orden beitreten und sich um »alle Kinder der Welt« kümmern. Die verständigen Schwestern aber erkannten ihr Talent, ermöglichten ihr durch ein Stipendium eine Ausbildung und wiesen ihren Wunsch, dem Orden beizutreten, ab. Sie ermutigten sie statt dessen, die Malerei zu ihrem Beruf zu machen. »Die Nonnen wollten nicht zulassen, daß ich mein Leben zerstöre und mich vor der Welt verstecke«, erinnerte sie sich dankbar.

Obwohl Tammy diesem Rat gefolgt war, hatte sie sich doch etwas von ihrer idealistischen, frommen Mädchenzeit bewahrt, und so dachte sie schuldbewußt über Joans Vorschlag nach, den sie als Bitte um einen Akt der Nächstenliebe verstand. Aber wie konnte sie, wo sie doch relativ sicher war, kein eigenes Kind haben zu wollen, eines gebären und dann weggeben, selbst wenn dies aus Barmherzigkeit geschähe? Sich für andere aufzuopfern war für sie etwas Selbstverständliches, und doch war ihr klar, daß sie Joans Wunsch nicht erfüllen konnte, es war ihr weder praktisch noch emotional möglich. Unglücklicherweise war Joan viel zu sehr mit ihrem eigenen Schmerz beschäftigt, als daß sie Tammys Standpunkt hätte verstehen können. »Das war das Ende unserer Freundschaft«, erzählte mir Tammy. Joan konnte ihrer Freundin nicht vergeben und sprach nie wieder mit ihr. Tammy war todunglücklich, zum einen, weil sie Joan hatte enttäuschen müssen, und zum anderen, weil Joan sie so ungerecht behandelt hatte. Trotzdem betrachtete sie das Ganze als Schlüsselerfahrung bei ihrem Versuch, sich über die eigenen Gefühle in bezug auf eigene Kinder klarzu-werden.

Tammy überdachte ihre Entscheidung noch einige Male, nachdem Sie Joans Ansinnen abgewiesen hatte. Sie »borgte« sich sogar einmal ein Kind versuchsweise aus, wie viele Frauen es tun, die sich über ihre Haltung zur Mutterschaft unsicher sind, meist in der unbewußten Absicht, ihre Zweifel bestätigt zu sehen. Heute ist sie verheiratet und mit Ende Dreißig ziemlich sicher, daß ihre Entscheidung endgültig ist.

Ungewöhnliche Umstände, so wie die, in denen Rachel und Tammy sich befanden, stellen den Entschluß einer Frau natürlich auf die Probe und zwingen sie, Position zu bezie-hen. Pam Hall dagegen sah sich einer noch drängenderen Si-tuation ausgesetzt, hier war sie diejenige, die sich selbst un-ter Druck setzte. Ihr Problem war eines der schwierigsten, mit dem eine Frau konfrontiert werden kann, die nicht ein-deutig weiß, ob sie Mutter werden will oder nicht: Sie wurde ungewollt schwanger.

Als Pam auf dem College war, hatte sie angenommen, daß sie später wie all ihre Bekannten ein Kind bekommen würde, und sie hatte einen jungen Mann geheiratet, der ein wunderbarer Vater gewesen wäre – ruhig und fürsorglich. Die Sache sah allerdings ganz anders aus, nachdem sie ein Jahr lang Kurse an der Universität gegeben hatte und merkte, daß Kinder zu bekommen gar nicht so recht nach ihrem Geschmack war. »Ich stellte fest, daß ich mir meinen Mann in erster Linie aufgrund seiner guten Qualitäten als Vater ausgesucht hatte«, erzählte mir die schlanke, elegante, fünfzigjährige Literaturagentin. »Er war mir zu langweilig, und ich verließ ihn.«

Dann wurde sie mit dreißig, nur wenige Monate nach ihrer zweiten Heirat mit einem Mann, der besser zu ihr paßte, durch einen Verhütungsfehler unvermittelt schwanger. Auf diese Entdeckung reagierte Pam, wie sie berichtet, bemerkenswert rational und verantwortungsbewußt. Sie war tatsächlich fähig, den Schmerz beiseitezuschieben, den die meisten Frauen, die sich in einer solchen Situation befinden, empfinden: »Ich dachte: ›Schön – wenn ich Mutter werden wollte, könnte ich es, körperlich gesehen hält mich nichts davon ab.‹ Aber ich wollte auf jeden Fall abtreiben. Deshalb habe ich einen Psychologen aufgesucht, um sicherzugehen, daß ich mir über alle meine Motive im klaren war.« Nicht nur der Psychologe, sondern auch Pams unkonventionelle Mutter unterstützten sie verständnisvoll. »Darüber war ich sehr froh«, sagte sie. »Meine Mutter sagte mir, sie brauche keine Enkelkinder. Ich hatte kein schlechtes Gewissen wegen der Abtreibung, noch bereute ich sie, obwohl ich von Zeit zu Zeit daran denke, daß ich jetzt ein zwanzigjähriges Kind haben könnte. Das einzige, was mich gelegentlich traurig macht, ist die Tatsache, daß ich nie zu einem Kind eine solche Beziehung haben werde, wie sie zwischen meiner Mutter und mir besteht. Als ich das meiner Mutter erzählte, sagte sie: ›Es gibt keine Garantie dafür, daß du zu deinem Kind eine solche Beziehung hättest. Du kannst darauf hoffen, aber so etwas entwickelt sich nicht automatisch.‹«

Pams Gefühle in bezug auf ihre Abtreibung waren ungewöhnlich eindeutig. Die anderen zehn Frauen, mit denen ich sprach, die eine Schwangerschaft abgebrochen hatten – einige, bevor es legal wurde und eine zwei Wochen vor ihrer Hochzeit – fühlten sich danach sehr elend, litten vorübergehend an Depressionen und hatten das Gefühl, sich einer Möglichkeit beraubt zu haben, wenn auch jede von ihnen glaubte, das Richtige getan zu haben. Was die Casting-Agentin Myra Wyeth über ihre Erfahrungen berichtet, kann als typisch gelten: »Kaum hatte ich zum zweiten Mal geheiratet, wurde ich schwanger. Mich gegen dieses Kind zu entscheiden war die leichteste Entscheidung in meinem Leben – mein Gehalt war nicht sehr üppig, ich hatte gerade eine gescheiterte Ehe hinter mir, und es gab nichts Beständiges in meinem Leben. Aber ich war nicht darauf vorbereitet, wie großartig ich mich während der Schwangerschaft fühlen würde. Als ich dann wirklich die Abtreibung vornehmen ließ, war das furchtbar. Etwas in meiner Seele reagierte geradezu körperlich und wollte am liebsten schreien: ›Hört auf! Hört auf!‹, obwohl ich ja wußte, daß es meine eigene Entscheidung war und das einzig Richtige für mich. Danach war ich sehr traurig, zum Teil auch deswegen, weil ich dachte, daß mein Mann bestimmt ein guter Vater gewesen wäre.«

Auch Robin Greens ungeplante Schwangerschaft löste eine emotionale Krise aus, aber der wirkliche Grund für sie, nicht Mutter zu werden, war, daß sie wußte, es wäre besser, wenn der Mann, den sie geheiratet hatte, niemals Vater wurde. »Ich habe mich für die Ehe entschieden anstatt für Kinder«, erklärte die burschikose Sekretärin an ihrem zwanzigsten Hochzeitstag.

Robin hatte abgetrieben, als sie ihren Freund Jack verließ und in ein Einzimmerappartement zog, nachdem ihre stürmische Beziehung nach acht Jahren zerbrochen war. Sie beschrieb diese Phase als »die einsamste Zeit in meinem Leben«. Sie hatte schon vorher die größten Zweifel gehabt, ob sie jemals Mutter werden wollte, fühlte sich aber zu der Vorstellung noch hingezogen, obwohl alle Umstände dagegen sprachen. »Mir kam es so vor, als wäre dies die einzige Gelegenheit, ein Kind zu bekommen«, erinnerte sie sich, »aber es gab damals niemanden in meinem Leben. Ich habe die Abtreibung sehr schlecht verkraftet und das ganze Wochenende geweint.« Dieses Erlebnis brachte Robin und Jack wieder zusammen, und es dauerte nicht lange, da heirateten sie.

Mit Jack zusammen eine Familie zu haben kam nicht in Frage. Er war fünfzehn Jahre älter als Robin, kam aus völlig anderen Verhältnissen (er stammte aus einer irisch-katholischen Arbeiterfamilie und sie aus der gehobenen jüdischen Mittelschicht), und er hatte ein Alkoholproblem. Hinzu kam, daß ihre Auffassungen über Kindererziehung nicht miteinander vereinbar waren. »Wir haben vollkommen unterschiedliche Auffassungen von Disziplin«, erklärte die eher tolerante Robin. »In seinen Augen müssen sich Kinder strikt an Regeln und Reglementierungen halten, und er wäre als Vater sehr streng gewesen« – also genau der Typ von Vater, gegen den sie als Teenager rebelliert hatte. Durch eine gemeinsame Therapie und viele Auseinandersetzungen wurde ihre Beziehung über die Jahre reifer und stabiler, aber die zusätzliche Belastung durch Kinder hätte diese langsam gewachsene Ehebindung zerstört. »Wenn wir Kinder gehabt hätten, wären wir heute geschieden«, sagte Robin.

Auf Long Island, wo Jack und Robin wohnen, sind sie unter ihren Bekannten das einzige kinderlose Paar. Trotzdem sorgen sie dafür, daß es Kinder in ihrem Leben gibt, und zwar in einem für sie angenehmen Maße. Die Kinder anderer Leute gehen in ihrem Haus ein und aus, und sie haben schon mehrere Generationen von Kindern ihrer Freunde gehütet und Freundschaft mit ihnen geschlossen. »Das Schöne für mich hier in Long Island ist, daß so viele Kinder in der Nachbarschaft wohnen«, sagte Robin begeistert. »So kann ich aus nächster Nähe mitbekommen, wie sie aufwachsen. Die Kinder um uns zu haben hält uns jung. Der Sohn von unseren Nachbarn ist sozusagen ›unser‹ Kind geworden.« Robin war quasi die Ersatzmutter für diesen Jungen, der sich wünschte, daß sie bei seiner kirchlichen Trauung dabei sein sollte, die im engsten Familienkreis stattfand. Für sie war diese Ersatzmutterschaft ein gelungener Kompromiß.

Wie Robin entscheiden sich scheinbar viele Frauen schon zum Zeitpunkt ihrer Heirat dagegen, Kinder zu bekommen. Für die meisten Frauen, die als Singles die Auseinandersetzung mit dieser schwierigen Entscheidung vermieden haben, erhebt sich die Frage unausweichlich dann, wenn ein potentieller Vater auf der Bildfläche erscheint. Seltsamerweise gehen jedoch bei den wenigsten Paaren die Meinungen über Elternschaft auseinander. Möglicherweise liegt das daran, daß viele dieser Frauen schon immer eher gegen Mutterschaft tendiert und sich unbewußt Männer gesucht haben, die darin mit ihnen übereinstimmten, oder mit denen es nicht möglich gewesen wäre, Kinder zu bekommen. Findet man einen Partner, der entweder zu alt ist (was häufiger vorkommt, weil viele dieser Frauen erst spät heiraten), der schon Kinder hat oder als Vater ungeeignet ist, selbst keine Kinder möchte oder körperlich nicht in der Lage ist, Nachwuchs zu zeugen, nimmt einem das die Last der Entscheidung ab. So erklärte es Jane Michaels, eine Kinderpsychiaterin, die einen Mann heiratete, der ganz und gar keine eigene Familie wollte: »Ich hatte immer schon ambivalente Gefühle gehabt, wenn ich darüber nachdachte, ob ich Mutter werden sollte, obwohl ich Kinder mag und ich mich ja auf ihre Behandlung spezialisiert habe. Wäre ein anderer Mann in mein Leben getreten, hätte ich vielleicht ein Kind bekommen, aber für diese Möglichkeit habe ich mir kein Hintertürchen mehr offen gelassen, als ich diesen Mann heiratete, der partout keine Kinder wollte. Ich war gezwungen, mich zu fragen, wie wichtig ein Kind für mich ist. Im nachhinein muß ich sagen, daß seine Einstellung mir meine Entscheidung vermutlich leichter gemacht hat.«

Medizinische Probleme können eine Frau zwingen, ihre Entscheidung bezüglich eigener Kinder unter großem Zeitdruck zu treffen. Soll sie versuchen, trotz all ihrer Zweifel ein Kind zu bekommen, bevor es zu spät ist? Wieviel Zeit,

Mühe und Geld ist sie bereit aufzuwenden, wenn sie eventuell unfruchtbar ist, damit eine Empfängnis für sie doch noch möglich wird? Wünscht sie sich so sehr ein Baby, daß sie eine Adoption in Betracht zieht? Manchmal zeigt gerade ihr Zögern, um jeden Preis Mutter werden zu wollen, daß dieser Wunsch bei ihr weniger stark ist, als sie ursprünglich dachte. Während sie vielleicht geglaubt hat, daß sie Kinder haben möchte (was in gewisser Hinsicht ursprünglich wahrscheinlich auch so war), kann sie im nachhinein zugeben, eigentlich froh zu sein, keine bekommen zu können.

In einer solchen Krise befand sich Paula Holbrook mit sechsunddreißig. Paula war mit Mitte Zwanzig aus einer kleinen Stadt in Ohio nach New York gekommen, um Schauspielerin zu werden, hatte dann aber festgestellt, daß die Regiearbeit ihr eigentliches Metier war. Mit zweiunddreißig heiratete sie ihren Mentor, einen bekannten Theaterintendanten, der um einiges älter war als sie. Trotz ihrer eigenen Befürchtungen hätte er gerne eine Familie mit ihr gegründet, aber nur, wenn Paula das auch wirklich wollte. Doch sie war sich nicht sicher, denn sie wußte, daß es mit Kindern ungleich schwieriger sein würde, ihren Beruf auszuüben, der ohnehin ungewöhnlich war für eine Frau. »In meinem Job muß man oft noch in letzter Minute etwas zustande bringen, und manchmal kann es den Durchbruch bedeuten, wenn man, ohne Rücksicht auf irgend jemanden nehmen zu müssen, jederzeit in eine andere Stadt gehen kann«, erklärte sie. Sie überlegte noch hin und her, als sie mit sechsunddreißig erfuhr, daß sie sich die Gebärmutter entfernen lassen mußte. »Als ich das hörte, wußte ich, die Sache ist gelaufen«, erzählte sie. »Mein Gynäkologe war einfach wunderbar und bot mir an, er wolle versuchen, trotz Risiko meinen Uterus wieder aufzubauen, wenn ich mir alle Möglichkeiten offenhalten wollte. Ich mußte den Tatsachen ins Auge blicken und mir selbst gegenüber ehrlich sein. Ich stellte fest, daß ich keine Kinder wollte, daß ich nie wirklich welche gewollt hatte.«

Sie konnte zwar nicht beurteilen, wie notwendig diese Operation war, aber sie konnte bestimmen, wie sie verlaufen sollte. »Als ich dann operiert wurde, sagte ich mir, daß ich mich damit entschieden hatte«, erklärte sie voll Überzeugung. Nicht lange darauf starb plötzlich ihr Mann. »Gott sei Dank bin ich nicht auf das Angebot meines Frauenarztes eingegangen und habe ein Kind bekommen – stellen Sie sich vor, wie das gewesen wäre, als Witwe mit Kind in meinem Beruf!« sagte sie, als wir über die härteste Zeit in ihrem Leben sprachen.

Trotz des Leides, das sie erfahren hat, ist Paula dankbar, wie sich die Dinge entwickelt haben, und sie ist stolz auf sich. »Nicht alles im Leben läuft so, wie man meint; aber das Leben geht schon seinen Gang, wenn man dabei mithilft. Mich mit dem auseinanderzusetzen, was ich erlebt habe, hat mich stärker gemacht. Ich bin mir selbst treu geblieben. So wie mein Leben verlaufen ist, war es mir möglich, meinen Traum zu leben. Niemals habe ich das aufgeben müssen, was mir wirklich wichtig ist, nämlich das Theater, und ich habe jetzt gerade meinen Durchbruch.« Über ihre Entscheidung, kein Kind in die Welt zu setzen, sagt sie: »Es kann schon sein, daß mir in dieser Beziehung etwas entgeht, aber ich empfinde das gar nicht so.«

Im Fall von Jackie Fast gab es kein dramatisches oder traumatisches Erlebnis, das ihr die Augen für ihre wirklichen Gefühle bezüglich eigener Kinder öffnete – lediglich ein zufälliges Gespräch mit einer Frau, die für sie arbeitete. Die offene, ungezwungene Filmemacherin war zu dieser Zeit siebenundzwanzig Jahre alt und hatte eine jüngere Frau eingestellt, die ihr bei der Renovierung ihres Appartements half. »Sie war zweiundzwanzig und alleinerziehend, hübsch aber ziemlich dick, und mußte sich ganz schön abstrampeln, um sich und ihr hyperaktives Kind durchzubringen«, erinnerte sich Jackie. »Eines Tages sprachen wir beim Mittagessen über Kinder. Ich war erst am Beginn meiner Karriere und sagte, ich wolle keine Kinder haben, bevor ich nicht fünfzigtausend Dollar im Jahr verdiente, damit ich eine ganztägige Hilfe bezahlen könnte, die sich um die Kinder kümmert. Sie schaute mich nur an und sagte: ›Wenn Sie sich nicht selbst um Ihr Kind kümmern wollen, warum wollen Sie dann überhaupt eins haben?‹ Und ich sagte ›Sie haben recht‹. Sie durchschaute mich und den ganzen Mist, den ich mir vormachte.«

Anders als Sandra Singer, die sich immer wieder mit dem Thema eigene Kinder auseinandersetzte, wenn sich ihre äußeren Umstände änderten, und nur schrittweise zur Entscheidung gelangte, genügte Jackie dieses eine kurze Gespräch, um sie eindeutig von ihrer eigenen Position zu überzeugen.

Jackie, die sich selbst stolz als »schwarzes Schaf« bezeichnet, das »lieber sterben würde als sich anzupassen«, hat ein einziges Mal in ihrem Leben etwas ausgesprochen Traditionelles (und zu ihrem eigenen fortwährenden Erstaunen etwas wunderbar Funktionierendes) getan: Mit zweiundzwanzig heiratete sie einen gleichgesinnten Drehbuchautor. Pete hatte es immer abgelehnt, Vater zu werden, aber Jackie wollte sich die Möglichkeit noch offenhalten, bis es zu jenem erhellenden Austausch mit ihrer Helferin kam.

Als sie mit dreißig von ihrem Frauenarzt gefragt wurde, ob sie eine Familie plane, wußte sie die Antwort. »Er fragte mich sehr ernst, ob ich mich beim Anblick der schwangeren Frauen in seiner Praxis nicht neidisch oder bedrückt fühlte, denn das sei ein guter Test dafür, wie es wirklich in mir aussah. Die Entscheidung war ganz klar, und ich konnte ihm ehrlich mit ›nein‹ antworten.«

Jetzt, zwanzig Jahre später, verdient Jackie mühelos mehr Geld als das, was sie sich damals als Minimum gesetzt hatte, um eine Mutterschaft überhaupt in Erwägung ziehen zu können. Sie genießt ihre kinderlose Ehe und ihre freiberufliche Tätigkeit, die für ihr Temperament wie maßgeschneidert ist. Sie verbringt viel Zeit damit, exotische Filmschauplätze ausfindig zu machen und führt Regie bei Dokumentarfilmen für Themen wie zum Beispiel die Beat Generation. »Seit ich meine Wahl getroffen habe, habe ich nie mehr zurückgeblickt oder irgendwelche Zweifel verspürt«, sagte sie. »Und ich bin sehr glücklich, daß Pete so ein toller Mann ist und wir so gut zusammenpassen.«

An einem Wendepunkt im Leben kann man sich in ganz unterschiedliche Richtungen entwickeln. Warum haben Rachel, Tammy und all die anderen Frauen sich gegen ein Kind entschieden, während andere in der gleichen Situation ihre Ängste und Zweifel überwunden hätten und gerne Mutter geworden wären? Genau die gleichen Ereignisse hätten für eine Frau, die dem Muttersein positiv gegenübersteht, eine unterschiedliche Bedeutung gehabt, und ihre Entscheidung wäre ganz anders ausgefallen.

Diese Schlüsselerlebnisse konnten derartig nachhaltige Auswirkungen haben, da sie diesen Frauen halfen, ihre Gefühle zu erkennen und zu klären. Diese zentralen Ereignisse verdeutlichen eigentlich nur das, was sich im Laufe eines tiefgreifenden mentalen Prozesses entwickelt hat.

Die Bedeutung ihrer »Stunde der Wahrheit« liegt darin, daß sie diesen Frauen etwas über sich selbst enthüllte, was sie dazu bewog, einen Grundsatz unserer Kultur in Frage zu stellen. Die Quellen dieser persönlichen Erkenntnis liegen im Zusammenwirken ihrer Lebensgeschichte, ihres Charakters und der Erfahrungen, die sie in ihren frühen Beziehungen gemacht haben und die das Schicksal eines Individuums auf ganz persönliche und nicht vorhersagbare Weise formen.

Eine Reihe von Faktoren schafft die psychologischen Voraussetzungen, daß Frauen überhaupt die Möglichkeit in Betracht ziehen, kinderlos zu bleiben. Letztendlich bringt sie dann das Zusammenspiel dessen, was sie erleben und wie sie gerne leben wollen, dazu, sich mit dieser Alternative anzufreunden. Wie sagte Rachel Randolph, nachdem sie es abgelehnt hatte, das Kind in Kaschmir zu adoptieren? »Du schaffst dir deine Lebensumstände selbst, und die ziehen dann wiederum die nächsten nach sich.«

»Ich bin einfach nicht der Typ«:
Persönliche Faktoren

Als ich einmal in einem Café bei mir um die Ecke Mittag essen war, kam eine junge Frau mit ihrem kleinen Sohn an der Hand herein. Mir fiel auf, daß sie ihn besonders hübsch angezogen hatte – schwarz-weiße Jacke und schwarze Bundfaltenhose, das Ganze gekrönt von einer weißen Kappe mit schwarzen Punkten ringsherum. Er würde es später sicherlich nicht mehr wagen, sich derartig aufgemotzt zur Schau zu stellen, bis er sich selbst Armani-Sachen kaufen konnte. »Er möchte nur die Treppe hochgehen. Ist das okay?« fragte sie den freundlichen Geschäftsführer ein wenig verlegen, aber doch gewillt, dem Wunsch ihres Kindes nachzugeben.

In der nächsten Viertelstunde beobachtete jeder im Restaurant, wie dieses Kind konzentriert den Treppenabsatz hinauf- und hinunterstieg und ganz in sich selbst versunken seine noch nicht voll ausgebildete Koordinationsfähigkeit beeindruckend zielstrebig erprobte. Seine Mutter saß geduldig lächelnd am Fuße der Treppe und wartete, bis der Kleine bereit war, wieder zu gehen. Das dauerte dann weitere fünf Minuten, denn sie mußte ihn zuerst davon abhalten, so viele

Äpfel, wie er nur tragen konnte, aus dem Korb an der Tür zu klauben.

Als er sich dann an der Seite seiner Mutter nach draußen trollte, beide ganz erfreut über den Erfolg ihrer kleinen Expedition, wunderte ich mich darüber, wie es ihr wohl möglich war, ständig eine derartige Bereitwilligkeit für solche Aktionen zu zeigen. Das war ja alles ganz nett, aber was, wenn sie jetzt müde gewesen wäre, andere Sorgen gehabt oder schlichtweg lieber ihren eigenen Gedanken nachgehangen hätte? Was, wenn sie mitten in einem Projekt gesteckt hätte, das sie ganz in Anspruch nahm? Warum war es ausgerechnet *ihr* nicht lästig, sich so ausschließlich auf das Kind zu konzentrieren?

Wie ich waren viele der Frauen, mit denen ich sprach, der Meinung, sie seien einfach »nicht der Typ«, um Mutter zu werden. Ihrer Meinung nach fehlten ihnen einige der Haupteigenschaften, die allgemein als grundlegend »mütterlich« angesehen werden: Geduld, Verständnis für alle Arten von Störungen, und die Fähigkeit, die eigenen Interessen, ohne sonderlich verstimmt oder gar ärgerlich zu sein, für längere Zeit zurückzustellen. Sie teilten die Auffassung, daß für sie als Mütter bestimmte Dinge, die für ihr eigenes Wohlbefinden unabdingbar waren, nicht mehr möglich wären, wie zum Beispiel eine gewisse Privatsphäre, ungestörte Zeit für die persönliche Entwicklung und nicht zuletzt ihre persönliche Freiheit. Diese Charakterzüge waren für einige Frauen Grund genug, ihre Weiblichkeit in Frage zu stellen. Oder aber sie befürchteten, selbstsüchtig zu sein, genau wie ich es getan hatte. Es gab aber auch andere, die unbekümmert oder gar trotzig auf den nonkonformistischen Idealen ihrer Jugendzeit beharrten. Wie die Reaktion auch immer ausfiel, und ganz egal, was andere Frauen fühlen mochten – alle stimmten darin überein, daß sie die Bedürfnisse eines Kindes mit ihren eigenen nicht vereinbaren konnten. Die

Freuden der Kindererziehung schienen ihnen die damit verbundenen Mühen nicht aufzuwiegen. Obwohl Mutterschaft im allgemeinen als *die* Erfüllung einer Frau betrachtet wird, schien sie ihnen im Gegenteil eher ein Hindernis für die eigene Erfüllung darzustellen.

Tag und Nacht enge physische und psychische Nähe zu einem Kind zu erleben, ist für diese Frauen eher abschreckend als verlockend, und sie haben Angst, sich durch den unvermeidlichen Kinderlärm, der ja etwas ganz Natürliches ist, gestört zu fühlen. Sie wissen, daß der häusliche Geräuschpegel mit einem Kind automatisch steigt, selbst wenn es sich noch so gut benimmt. Dieser Lärm ist seiner Natur nach chronisch, alles beherrschend und nur in Maßen unter Kontrolle zu bringen. Eltern müssen lernen, verschiedenartigste akustische Attacken im eigenen Heim zu erdulden – da wird geweint und der Gameboy in Gang gesetzt, laut herumgetollt und stundenlang das gleiche Lied abgespielt. Anders als Stadtbewohner, die mit äußeren Ärgernissen wie Krankenwagen, Autoalarmanlagen oder nächtlicher Heavy-Metal-Musik von ihren Nachbarn kämpfen müssen, können Eltern sich nicht einfach abschotten; sie müssen ständig wenigstens ein Ohr gespitzt haben.

Es war ein bewegtes Wochenende *en famille*, das Jackie Fast die letzte Gewißheit brachte, daß sie für die Mutterrolle nicht geschaffen war. Ihr Mann war schon immer gegen eigene Kinder gewesen, aber sie hatte es bis zu diesem Wochenende nicht definitiv ausgeschlossen. »Mein Mann und ich waren im Landhaus unserer Vermieterin«, erinnerte sie sich. »Ihre siebenjährigen Zwillinge, richtige Rabauken, rannten im ganzen Haus herum. Wir wußten, daß so etwas ganz normal ist. Pete und ich wollten am Samstag morgen ausschlafen, aber die Kids öffneten kreischend die Tür und sprangen auf unser Bett. Ich schaute ihn an und sagte: ›Du hast schon recht. Von der Sorte will ich auch keine. Am besten wir vergessen das ganze.‹« Ihre Ohren bestärkten sie sozusagen in dem, was ihr rational schon längst klar war.

Cindy Gardner, eine vierzigjährige Ernährungsberaterin, hat ein solches Bedürfnis nach Ruhe, daß sie ihre Arbeit in Manhattan auf zwei Fünfzehn-Stunden-Tage gelegt hat. So kann sie den Rest der Woche in der ländlichen Idylle im Hinterland von New York in ihrem gemütlichen kleinen Haus zusammen mit ihren sechs Katzen und ihrem Mann Randy verbringen. Cindy, eine humorvolle kleine Blondine, die sich gern folkloristisch kleidet und Indianerschmuck liebt, weiß sehr wohl, daß sich ihr Lebensstil nicht mit den Bedürfnissen eines Kindes vereinbaren läßt, so gern sie Kinder auch hat.

»Ich mag es friedlich und still – das ist ein großes Problem«, erzählte sie mir an einem Abend, an dem wir es uns ohne unsere Männer zu zweit gemütlich machten. »Der Lärm würde mich einfach verrückt machen. Ich müßte schon ein taubstummes Kind haben, das gerne viel liest – und viel, viel Platz.«

Andererseits bedeutet Kinderlärm für Cindy nicht nur Belästigung, sondern ist für sie auch ein Symbol für ein lebendiges Familienleben, was allerdings, wie sie sich mit leisem Bedauern eingestehen muß, ihrem Temperament zu sehr zuwiderlaufen würde, als daß sie sich damit wohl fühlen könnte. Sie weiß, daß sie dabei auf etwas verzichtet. »Bei der Familie meines Mannes geht es immer sehr lebendig und fröhlich zu, ich fühle mich dagegen manchmal ein wenig traurig und leer, denn bei mir ist es immer ruhig und still«, erzählte sie. »Es fehlt etwas – die Herzlichkeit und das Gelächter, das mit dem Familienleben verbunden ist. Ich glaube schon, daß das Leben reicher und erfüllter ist, wenn man eine Familie hat.«

Cindy ist keine Einsiedlerin. Sie trifft sich mit Freunden zum Mittagessen, engagiert sich in ihrem Berufsverband und sieht jeden ausländischen Kinofilm, der in der Stadt läuft. Trotzdem weiß sie, daß sie sehr viel Zeit für sich braucht, um im Gleichgewicht zu bleiben, denn Stimulation im Übermaß und das schnellebige New York empfindet sie als sehr anstrengend. Wenn ihr Mann, der Buchführungssysteme für kleinere Betriebe entwirft, nicht da ist, mag Cindy nichts lieber, als es sich in aller Ruhe für ein paar Tage mit einem Roman und ihren Katzen vor dem Kamin gemütlich zu machen. Obwohl sie und Randy nach fünfzehn Jahren Ehe unzertrennlich geworden sind, essen sie während der Woche nur selten zusammen zu Abend, da ihr Tagesablauf zu unterschiedlich ist. Sie wissen beide, daß er in seiner geduldigen und äußerst verständnisvollen Art einen wunderbaren Vater abgeben würde, aber sie sind übereingekommen, daß es für sie nicht möglich ist, eine Familie zu haben. Statt dessen sind sie lieber für die Kinder von Randys Bruder Lieblingsonkel und Lieblingstante.

Cindy war selbst Schlüsselkind und glaubt, es wäre unfair, von einem Kind zu erwarten, es solle sich ihrer Lebensweise anpassen – und noch unfairer, von sich selbst zu erwarten, sie solle sich auf den Tagesrhythmus eines Kindes einstellen. »Ich kann mir nicht vorstellen, daß meine Schlafenszeiten von einem Kind diktiert werden«, sagte sie. »Ich wache gern von selbst auf, wenn ich genug geschlafen habe. Ich brauche meinen Schlaf, ich kann es ja nicht einmal ausstehen, wenn mein Mann mich aufweckt. Für mich ist das Ausdruck dafür, daß ich mein eigenes Leben regeln und meinem eigenen Rhythmus folgen will.«

Nach eigener Zeiteinteilung schlafen zu können, bedeutet für viele kinderlose Frauen Selbstbestimmung. Dabei geht es weniger darum, wann sie ins Bett gehen oder aufstehen oder gar, wieviel Schlaf sie bekommen, sondern um die Tatsache, daß ein Kind dann völlig über sie bestimmen würde.

Nancy Sherman, die mit ihrem Mann in Mendocino in Kalifornien ein Lokal im viktorianischen Stil betreibt, sagte: »Selbst auf die Gefahr hin, daß es egoistisch klingt: Ich möchte gerne in der Lage sein, am Morgen aufzuwachen und zu wissen, der Tag gehört mir.«

Nancys Arbeitstage sind extrem hektisch. Selten kommt sie vor acht Uhr abends nach Hause, nimmt sich fast nie frei. Sie und ihr Mann sind rund um die Uhr abrufbereit – aber sie hat sich freiwillig für dieses Leben entschieden, und ihr gefällt es. All die Verpflichtungen lassen Nancy wenig Zeit für sich selbst, und die braucht sie dann auch, um sie auf ihre eigene Weise zu nutzen, zum Beispiel für ihre tägliche Meditation und ausgedehnte Wanderungen auf dem Lande. »Was ich wirklich brauche, ist Raum für mich und meine eigenen Bereiche, die mir mein seelisches Gleichgewicht erhalten«, erklärte sie. »Weitere Belastungen würden mich überfordern.«

Weder Cindy noch Nancy sind frei von Verpflichtungen; sie müssen sich abends den Wecker stellen, richten sich nach ihrem Terminkalender, sie haben ihren Beruf und andere Verantwortlichkeiten, die sie in beträchtlichem Maße Zwängen aussetzen. Was ist an einem Kind das Eigentümliche, das sie vermuten läßt, es würde sie weitaus mehr einschränken? Warum können sie diese Einschränkung nicht ertragen wie Mütter, die mehr oder weniger fähig zu sein scheinen, die Bedürfnisse ihrer Kinder in ihr eigenes Leben zu integrieren und dies auch noch als Bereicherung empfinden? Für ein Kind zu sorgen hat in ihren Augen eine psychologische Bedeutung, eine Bedeutung, die sich aus ihrer Persönlichkeit, ihren Beziehungen und ihren prägenden Erfahrungen erklärt. Für kinderlose Frauen ist es natürlich nicht gerade angenehm, um sechs Uhr morgens aufzustehen, um rechtzeitig zum Unterricht zu kommen, sich auf eine Sitzung vorzubereiten oder mit einer brenzligen Notlage fertigzuwerden, aber es ist doch eine qualitativ andere Anforderung, als wenn man zur gleichen Zeit täglich von einem zweijährigen Kind aufgeweckt wird, einfach nur, weil es dann eben wach ist. Sie tendieren außerdem zu selbständigen Berufen, in denen sie sich gewöhnlich ihre Zeit selbständig einteilen und ihre Arbeitsbedingungen nach eigenem Gutdünken gestalten können. Ganz egal, wie beschäftigt sie sind, sie alle schätzen und praktizieren das, was die junge Bühnenautorin Simonetta Fracci »eine unerschütterliche, unglaublich große Freiheitsliebe« genannt hat.

Gerade diese Frauen fürchten aber oft, ihre Freiheit könnte leicht bedroht werden, besonders durch ein Kind. Rachel Randolph, die umtriebige Reporterin, erzählte mir: »Je älter ich werde, desto wichtiger wird mir meine Unabhängigkeit. Ich versuche eisern, sie mir zu bewahren, aber das ist mühsam.« Frauen, die hart darum kämpfen mußten, unabhängig zu werden – und dabei die eigenen Tendenzen, sich nach den Wünschen anderer zu richten, überwinden oder sich gegenüber dominanten Müttern abgrenzen mußten –, sehen Mutterschaft als Bedrohung ihrer Freiheit. Gerade ihre potentiell übergroße Empathie und ihre Schwierigkeit, sich abzugrenzen, läßt sie befürchten, daß die Bedürfnisse eines Kindes sie dazu brächten, so viel zu geben, daß sie selbst dabei auf der Strecke bleiben würden.

Jane Michaels, eine ehemalige Tänzerin, die mit Ende Dreißig noch einmal die Schulbank drückte und Kinderpsychiaterin wurde, hatte Angst, daß ihre Reaktion auf die Forderungen eines Kindes ihre hart errungene Identität zunichte machen würde. Sie beschrieb offen die zwiespältigen Gefühle, die das Neugeborene ihrer Schwester in ihr auslöste: »Es war wunderschön, das Kind in den Armen zu halten, aber gleichzeitig empfand ich dieses aussaugende Etwas als abstoßend. Ein Kind braucht so viel Zeit und Energie, daß ich Angst hätte, mich selbst zu verlieren. Ich bin eher eine Einzelgängerin, ich brauche das. Ich frage mich, ob ich einem Kind genug geben könnte – und ob ich das überhaupt will, denn es würde meinem Leben sehr viel nehmen. Mein eigener Bereich und meine Bedürfnisse würden völlig unter den Tisch fallen.« Für Frauen wie Rachel und Jane ist Kinderlosigkeit sowohl die von ihnen bevorzugte Lebensweise als auch eine Grundvoraussetzung für ihre seelische Selbsterhaltung.

Viele Frauen, die ein Trauma erlitten haben, wollen, sobald es ihnen besser geht, ein Kind bekommen, um ihr seelisches Überleben zu manifestieren. Eva Martinez reagierte da ganz anders. Als sie mit dreißig von einem Bus angefahren wurde, bewirkte dies, daß sie sich noch zielstrebiger auf ihre eigene Entwicklung konzentrieren wollte als jemals zuvor. Eva, eine freundliche, füllige Frau, hat immer noch Schwierigkeiten zu sprechen und sich zu bewegen, zwölf Jahre nach ihrer Gehirnerschütterung, als ihr der Bus beide Beine zerschmettert hatte. Er war in sie hineingefahren, als sie eine Straße überquerte. Ein Jahr Rehabilitationsmaßnahmen waren nötig, um sie körperlich und geistig wiederherzustellen – in dieser Zeit verliebte sie sich in den Arzt, der ihr das Leben gerettet hatte, und die beiden heirateten. Sie sprach ruhig und konzentriert über unser Thema, zu dem sie feste Ansichten vertritt, die zu äußern ihr aber meist unangenehm war. »Es ist gut, kein Geheimnis mehr daraus machen zu müssen«, sagte sie zu mir. »Ich habe in meinem Leben so viel emotionalen und physischen Schmerz erlebt, daß es mir reicht. Die meisten Menschen können es weder verstehen noch akzeptieren, wenn man nicht Mutter werden möchte. Sie sind dafür nicht offen, deshalb wage ich nicht, davon zu sprechen, nicht einmal von Frau zu Frau. Denn dann bin ich angreifbar, werde wütend und muß mich verteidigen. Man erwartet, daß Frauen selbstverständlich Kinder haben, und wenn eine Frau keine hat, dann stimmt irgend etwas nicht mit ihr. Ich bin so erzogen, daß ich Kinder haben muß und nicht zuerst an mich selbst denken darf, so wie die perfekte Mutter in Virginia Woolfs ›Die Fahrt zum Leuchtturm‹. Wenn ich keine Kinder will, bedeutet das also, daß ich egoistisch bin und nicht an die Zukunft denke.«

Trotz ihrer Überzeugungen war es ein Kampf für Eva, den Erwartungen ihrer Familie und der hispano-amerikanischen Tradition nicht zu entsprechen, die der Mutterschaft einen so großen Wert beimißt. »Die Entscheidung ist mir schwergefallen, obwohl mich mein Mann voll und ganz unterstützt. Sogar mein Therapeut hat dauernd nachgefragt, ob ich mir wirklich sicher sei. Es ist mir so vorgekommen, als würde ich mich unentwegt rechtfertigen. Ständig hatte ich Angst, selbstsüchtig zu sein, aber ich habe beschlossen, daß ich an erster Stelle stehe. Vor allen Dingen ist es wichtig für mich, gesund zu sein. Ich habe nicht das Gefühl, daß ich etwas versäume, habe aber immer noch Angst, daß irgend etwas mit mir nicht stimmt, weil andere Frauen unbedingt Kinder haben wollen und ich nicht.«

Eva hatte das Gefühl, daß sie sich selbst ihr ganzes Leben lang nicht wichtiggenommen hatte, und der Unfall weckte in ihr den leidenschaftlichen Willen, das zu ändern. Für sie hätte ein eigenes Kind die Fortsetzung ihrer Vergangenheit bedeutet, in der sie nie das Gefühl hatte, sie selbst sein zu können, weil sie ständig den Erwartungen anderer entsprechen mußte. Eva wurde in Connecticut geboren, als Tochter einer hellhäutigen Mutter aus der Oberschicht und eines schwarzen Vaters aus der Unterschicht, die beide aus der Dominikanischen Republik stammten. Sie war die Vertraute ihrer Mutter, die all ihre nichtverwirklichten Hoffnungen und Pläne auf Eva projizierte. Die Ehe der Eltern war nicht glücklich, und als Eva neun Jahre alt war, gestand ihr die Mutter, daß sie einen Liebhaber hatte. »Meine Eltern blieben nur meinetwegen zusammen, aber ich wußte, was los war«, sagte sie. »Ich würde so etwas keinem Kind antun wollen.« Eva wollte nicht, daß ein Kind jemals das empfinden würde, was sie empfunden hatte, nämlich, dem Glück ihrer Mutter im Weg zu stehen.

Trotz der schwierigen familiären Situation machte Eva als Kind auch positive Erfahrungen, und sie hatte Beziehungen, die ihr zeigten, daß man auch anders leben kann. Zu ihren glücklichsten Erinnerungen zählen die Sommermonate, die sie bei zwei kinderlosen Cousinen verbrachte, die ihre Vorbilder wurden. »Die beiden hatten Plantagen in der Nähe von Santo Domingo, die sie selbst bewirtschafteten. Ich liebte und bewunderte sie – vielleicht bin ich deswegen Landschaftsgärtnerin geworden.« Kurz nach ihrer Genesung begann Eva, sich auf historische Gärten zu spezialisieren, die sie mittlerweile selbst entwirft. Letzten Sommer fuhr sie nach Oxford, um die Gartenkunst des neunzehnten Jahrhunderts zu studieren. »Wenn ich ein Kind hätte, hätte ich das niemals machen können,« sagte sie. »Es war schwierig genug, das alles für mich allein zu organisieren.« Obwohl sie weiß, daß sie selbst niemals dazu fähig wäre, bewundert und unterstützt Eva die Mütter, die sich ihre Unabhängigkeit bewahrt haben. »In Oxford war auch eine Frau aus Sri Lanka, die ihre Familie sich selbst überlassen hatte, um an dem Kurs teilnehmen zu können. Ich fand das großartig, aber eine der Frauen wollte ihr Schuldgefühle einreden, weil sie ihre Kinder im Stich gelassen habe; doch die habe ich bald davon abgebracht.«

Eva widerspricht der Auffassung, sie würde sich der Verantwortung für die Zukunft entziehen, wenn sie nicht Mutter werden will. »Ich möchte gerne etwas für die nächste Generation tun, und das wird mir auch ohne eigene Kinder gelingen«, sagte sie mit Bestimmtheit, »denn ich werde für den Rest meines Lebens mit Bildungsarbeit zu tun haben.«

Ihr Hauptwerk, für das sie momentan forscht, und das sie am liebsten bald zu Papier bringen möchte, ist ein Buch über ihr Lieblingsthema, das »Geschlechtsleben« der Pflanzen.

Eine Frau wie Eva, die aufgrund ihres Temperaments und ihrer Geschichte empfindlich reagiert, wenn ihrer persönlichen Entfaltung nicht genug Raum gelassen wird, und die immer das Gefühl hatte, daß sie nie richtig sie selbst sein konnte, kann Kinder als Beschneidung ihres Freiraums empfinden und zum Schluß kommen, daß sie als Mutter ungeeignet wäre. Eine solche Frau vergleicht insgeheim die eigenen Gefühle mit dem, was ihrer Vorstellung nach eine »gute Mutter« empfinden würde. Diese Vorstellung beruht teilweise auf einer Idealisierung des inneren Bildes von der eigenen Mutter (wie sie war, beziehungsweise wie sie hätte sein sollen), gründet sich aber gleichermaßen auf die äußere Realität. Die gute Mutter, so stellt sie sich vor, akzeptiert es, ständig unterbrochen und in Anspruch genommen zu werden, und macht es zu ihrer Hauptaufgabe, die Bedürfnisse ihres Kindes zu erfüllen. Mehr noch, es bereitet ihr Freude, dies zu tun. Zufriedenheit überwiegt bei weitem jegliches Gefühl von Frustriertheit, Entbehrung, Ärger oder Groll. Eine solche Mutter ist sicherlich nicht hocherfreut, wenn sie auf der Toilette gestört wird oder beim Komponieren einer Symphonie, aber sie wird mit der nötigen Gelassenheit damit umzugehen wissen.

Das ausgeprägte Bedürfnis von Eva, Nancy und vielen anderen, selbst im Zentrum der eigenen Aufmerksamkeit zu stehen, ist im Gegensatz zur landläufigen Meinung kein Kennzeichen von Egoismus. Dieses Verlangen gründet sich nicht auf Narzißmus, Unreife oder ein maßloses Bedürfnis nach Zuwendung – solche Züge sind unter Müttern wie Nichtmüttern leider gleichermaßen verbreitet. Nein, es ist der gesunde Ausdruck des Wunsches, sich auf das eigene Leben zu konzentrieren, oft zum ersten Mal.

Von all den Eigenschaften, die eine Mutter unbedingt braucht, ist Geduld diejenige, die freiwillig kinderlose Frauen am häufigsten bei sich zu vermissen glauben. Und sie wissen sehr wohl, daß diese Eigenschaft gerade in einer Situation vonnöten ist, die man nicht völlig unter Kontrolle hat, und in der man sich nicht den Luxus erlauben kann, einfach wegzulaufen. Entweder ist die »gute Mutter«, wie sie sich vorstellen, von Natur aus toleranter als sie, oder die Beziehung zu ihrem Kind bewirkt, daß sie es wird.

Ein Kind aufzuziehen ist ein auf lange Sicht unberechenbares Projekt, und das stellt für Frauen, die gerne bestimmen, wo es langgeht, ein Problem dar. Jackie Fast folgerte daraus, daß die einzig legitime Art, das Drehbuch für das Leben eines anderen zu schreiben mit der Garantie, daß dabei etwas Sinnvolles herauskommt (viele Eltern erzielen bei diesem Versuch verheerende Ergebnisse) darin besteht, Filme zu machen. »Ein Kind sollte sein eigenes Leben leben, um einen irgendwann zu verlassen«, erklärte sie. »Das Schöne bei Filmen ist, daß sie bleiben, was sie sind; etwas, woran ich hart gearbeitet habe, bleibt so, wie ich es haben will. Das sollte man von einem Kind natürlich niemals erwarten.«

Die Nichtmütter, mit denen ich sprach, halten die Pflichten, die sie speziell mit Mutterschaft in Verbindung bringen, für erdrückend, sind aber im gleichen Atemzug stolz darauf, großzügig, fürsorglich und verantwortungsbewußt in bezug auf ihre eigenen Belange zu sein. Für diese Art der Fürsorglichkeit, so sehen sie es, haben sie sich freiwillig entschieden, sie ist nichts Minderwertiges oder Mangelhaftes. Barbara Cowan, die Agentin der asiatischen Künstler, wollte niemals eine Familie; die Künstler, die von ihr vertreten werden, »bemuttert« sie aber leidenschaftlich gerne. »Es geht mir nicht darum, mich vor der Verantwortung zu drücken, denn ich bin ja bereit, Verantwortung zu übernehmen. Ich wollte ganz einfach nicht diese spezielle Art der Verpflichtung eingehen, die man mit Kindern auf sich nimmt.«

Da Frauen, die aus freien Stücken kinderlos bleiben, in der Regel als egozentrisch und unreif gelten, fällt auf, wie viele von ihnen gerade ihr Verantwortungsgefühl als den Faktor anführen, der sie davon abgehalten hat, Mutter zu werden. So disqualifizierte auch ein »überentwickeltes Pflichtgefühl« Linda Krystal in ihren eigenen Augen als Mutter. Seit sie dreißig ist, hat sich die Schauspielerin ganz ihrer Karriere gewidmet. »Ein Kind hat Ansprüche«, sagte sie. »Es ist sicher besser, wenn ich keines bekomme.« Anna Lincoln, eine Akupunkteurin, die in ihrer Jugend quer durch Asien gezogen war, kritisierte die Verantwortungslosigkeit der Hippie-Mütter, die mit ihren barfüßigen Babys in Katmandu lebten. Sie selbst »würde so etwas niemals einem Kind antun«.

Volle Verantwortung für all ihre Handlungen zu übernehmen ist für kinderlose Frauen sehr wichtig. Sie lehnen eine Elternschaft unter anderem deswegen ab, weil sie das »brennende Verlangen« danach vermissen, das für sie maßgeblich für die wichtigen Entscheidungen in ihrem Leben ist. Viele halten sich selbst für Perfektionisten, die niemals den unerfüllbar hohen Anforderungen gerecht werden könnten, die sie selbst an sich stellen würden. »Meine Eltern waren sehr engagiert, deshalb glaube ich, ich müßte mich total auf ein Kind einlassen, wenn ich alles richtig machen will, und dazu bin ich nicht bereit«, sagte die Firmenanwältin Janet Frank. »Ich müßte so viel Zeit investieren und so viel opfern. Ich könnte mich einem Kind nie so widmen, wie es meine Eltern getan haben.« Wie die Fotografin Sandra Singer hatten viele dieser Frauen Mütter, die immer zu Hause waren, um ihnen das Essen zu machen, die ihr Leben ganz nach den Kindern richteten. Und sie meinen nun, sie selbst müßten den Wunsch verspüren, es ihnen gleichzutun. »Ich hatte eine Vollzeit-Mutter, und ich würde sicherlich genausoviel geben wollen wie sie«, sagte Sandra. »Da ich das nicht kann, wären eigene Kinder nicht das richtige für mich.«

Ebensowenig wollen sie riskieren, unrealistische Erwartungen in ihre Kinder zu setzen und ihnen die eigenen hohen Maßstäbe aufzudrücken, wie es bei vielen von ihnen die eigenen Eltern getan hatten. Nancy Sherman gibt freimütig zu: »Ich bin nicht besonders tolerant. Es würde mir schwerfallen, Fehler zu akzeptieren. Ich wäre zu fordernd und abweisend, und diese Eigenschaften möchte ich nicht gerne weitervererben.«

Ehrgeiz und Engagement in ihren Berufen motiviert viele dieser Frauen, sich im gebärfähigen Alter in erster Linie auf ihre Arbeit zu konzentrieren. Obwohl andere Frauen Kind und Karriere unter einen Hut bringen, ist es ihnen selbst aufgrund ihrer Persönlichkeit unmöglich, ihre Energie in zwei so aufreibende Projekte zu stecken. Die Schauspielerin Linda Krystal glaubt, daß die Kinderlosigkeit in ihrem Fall Vorbedingung für ihren Bühnenerfolg war. »Man braucht ein unglaublich großes Maß an Freiheit, um wie ein Mann seine Karriere verfolgen zu können, und Frauen, die sich gegen Kinder entscheiden, versuchen genau diesen Weg zu gehen«, erklärte sie. Immer wenn Linda »eine von diesen skrupellosen Karriere-Schauspielerinnen« die neuentdeckten Mutterfreuden preisen hört, »dann werde ich zynisch und frage mich, ob sie gerade kein Engagement am Broadway bekommen hat«.

Wer kein Kind will, verstößt gegen eine Erwartung, die unsere Gesellschaft verinnerlicht hat. Jede Frau, die sich dieser Tradition widersetzt, schwimmt gegen den Strom. Eine soziologische Studie über freiwillig kinderlose Frauen aus dem Jahre 1936 sprach drohend davon, daß ein solches Verhalten »Indikator eines überbordenden Individualismus«

sei. Obwohl diese Entscheidung Ausdruck der ebenso sub-
versiven wie tief verwurzelten amerikanischen Wertvorstel-
lung ist, derzufolge jeder auf seine Art glücklich werden
darf, muß man gerne als Nonkonformist leben, um etwas so
Grundlegendes wie die Pflicht, sich fortzupflanzen, in Frage
zu stellen.

Konventionen in Frage zu stellen ist für die Mehrzahl
meiner Interviewpartnerinnen etwas ganz Normales. Wiederholt kamen Gefühle zum Ausdruck wie »ich bin immer
schon anders gewesen«, »mir gefällt die Vorstellung, daß
ich anders bin« und »ich würde lieber sterben als mich anzupassen«. Ihren eigenen Kopf zu haben hat einen wesentlichen Einfluß auf ihre Identität und ihre Selbstachtung. Sie
waren meist sehr ehrgeizig und oft waren sie Einzelkinder
oder die einzigen Mädchen in ihrer Stadt, die wegzogen,
eine Ausbildung machten und keine Kinder in die Welt setzen. Die Regisseurin Paula Holbrook, die sich lieber einer
aufreibenden Karriere in einer Männerbranche widmete als
eine Familie zu gründen, erinnerte sich daran, daß sie in ihrem Heimatort Zanesville, Ohio, immer eine Außenseiterin
war: »In der High-School war ich eine sehr gute Schülerin.
In der Stadt, aus der ich komme, gingen nur wenige Frauen
aufs College; die meisten blieben in Ohio, heirateten und bekamen Kinder. Ich verließ tatsächlich als einziges Mädchen
den Ort, an dem ich aufgewachsen war – alle anderen leben
noch ganz in der Nähe, so wie meine Schwester.«

Wie kam es, daß sie sich zu »leidenschaftlichem Unab-
hängigkeitsstreben« bekannten, wie Jackie es nannte? Wenn
man sein Leben lang seinen eigenen Kopf gehabt hat und
eine rebellische Jugend hinter sich, wie es bei Robin, Jackie,
Simonetta und Tess der Fall ist, hat man das nötige Rüst-
zeug, um dem traditionellen Rollenverständnis die Stirn zu
bieten, das den meisten Frauen die Mutterrolle vorschreibt.
Sie stellten in Frage, was sie als willkürliche elterliche Auto-

rität empfanden. Die Vorbilder, die sie sich aussuchten, gaben ihnen den Mut, den eigenen Weg zu gehen (so wie Pams unkonventionelle Mutter oder Evas kinderlose Cousinen, die ihre Plantagen bewirtschafteten). Oder sie wurden besonders für ihre Individualität und Zielstrebigkeit gelobt (Nancy wurde von ihrer Mutter liebevoll-bewundernd »zäher kleiner Fratz« genannt).

Während einige Frauen vehement alle traditionellen Auffassungen von Weiblichkeit ablehnen (so sagte zum Beispiel Linda, »nichts von alldem, was konventionell weiblich ist, interessiert mich«), hat die Mehrheit in den meisten Lebensbereichen nicht das Bedürfnis, die Konventionen über Bord zu werfen. So sagte Jackie von sich selbst, sie sei »das schwärzeste Schaf in der Familie und der aufsässigste Teenager gewesen, so daß ich ganz sicher war, ich würde nie heiraten. Und nun bin ich schon seit einundzwanzig Jahren verheiratet.« Myra sagte: »Ich bin die einzige in meiner Familie, die keine Kinder hat, und die erste, die sich hat scheiden lassen, aber ich halte mich selbst für spießig und angepaßt. Nur was die Kinderfrage betrifft, bin ich ausgesprochen rebellisch.« Der subtile Widerstand dieser Frauen äußert sich in einer geistigen Unabhängigkeit, die ihnen erlaubt, vorgefaßte Bilder von Weiblichkeit zu hinterfragen, und den Minderheitenstatus, den freiwillige Kinderlosigkeit mit sich bringt, zu akzeptieren. Einer der Gründe, warum sie die Mutterrolle ablehnen, ist, daß sie im Kind jemanden verkörpert sehen, der ihnen wie einst ihre Eltern vorschreibt, was sie tun sollen und wann sie es tun sollen. Diese Frauen wiederholen ihre pubertäre Auflehnung, indem sie es ablehnen, die Erwartungen der Gesellschaft zu erfüllen, nur ist ihr Handeln dieses Mal keine bloße passive Reaktion wie im Jugendalter, sondern in erster Linie eine aktive Form der Selbstbestätigung.

1987 untersuchte die Sozialpsychologin Sharon Houseknecht neunundzwanzig wissenschaftliche Studien, in denen Frauen nach ihren Gründen gefragt wurden, warum sie keine Kinder bekommen wollten. Die Antworten ähneln stark denen, die ich bekommen habe:

- Keine Verantwortung für ein Kind tragen zu müssen und größere Möglichkeiten zu haben, sich selbst zu verwirklichen (79%),
- eine erfülltere eheliche Beziehung (62%),
- die Möglichkeit, als Frau Karriere zu machen und finanziell unabhängig zu sein (55%),
- keine Kinder zu mögen (43%; vermutlich gibt es eine höhere Dunkelziffer aufgrund des Stigmas, mit dem Frauen behaftet sind, wenn sie dies zugeben, da diese Antwort von Männern weitaus häufiger gegeben wurde),
- negative Kindheitserfahrungen oder Angst vor der Geburt (33%).

Wie die Berichte, die ich gehört habe, zeigen, sind die tieferen Motive konplizierter, als solch offenkundige Erklärungen glauben machen wollen.

Der einfachste Grund, warum die Mutterrolle für eine nicht zu übersehende Minderheit von Frauen nicht das richtige ist, ist der, daß die Menschen nicht alle gleich sind. Genauso wie das Schmerzempfinden von Mensch zu Mensch variiert, verhält es sich bei dem Bedürfnis nach Abgrenzung, der individuellen Frustrationstoleranz und der Empfindlichkeit gegenüber Einschränkungen der persönlichen Freiheit. Selbst darin, was jemand für sich als Störung seiner Intimsphäre oder als persönliche Autonomie definiert, gibt es eine große Bandbreite und auch darin, wie man auf die Veränderungen, die eine Mutterschaft bringt, reagiert, beziehungsweise, wie man sich die eigene Reaktion ausmalt. Janet Frank hat das folgendermaßen ausgedrückt: »Mein Leben ist nicht besser oder schlechter als das einer Frau mit Kindern – es ist lediglich anders.«

Die Frauen, die ich getroffen habe, haben sich selbst befragt und wissen, daß sie nicht für die Mutterrolle geboren sind. Für sie hat die Entscheidung, kinderlos zu bleiben, eine doppelte Funktion: Sie bewahrt sie vor dem Druck bestimmter Verpflichtungen und Anforderungen und gibt ihnen gleichzeitig die Sicherheit, sich das bewahren zu können, was sie als wesentlich für ihr eigenes Glück erachten. Ihre Persönlichkeitsstruktur zwingt sie dazu, zwischen der Entwicklung eines Kindes und der eigenen Selbstentfaltung zu entscheiden. Nur wenn sie das ablehnen, was ihnen widerstrebt, sind sie frei für das, was für sie am meisten zählt: der eigene, selbstgestaltete Lebensentwurf.

Entscheidungsfindung und persönliche Geschichte: Die Kindheit kinderloser Frauen

In den Jahren, in denen ich über mein Verhältnis zur Mutterschaft nachdachte, erkannte ich, wie entscheidend meine eigene Kindheit am Ergebnis dieser Überlegungen beteiligt war, und ich begriff, welch großen Einfluß meine Eltern darauf hatten, wer ich bin und wie ich die Welt sehe. Meine Interviewpartnerinnen teilten mit mir die Ansicht, daß ihr Verhältnis zur eigenen Mutter einen wesentlichen Anteil an ihrer Entscheidung für oder wider ein Kind hatte, und viele meinten, daß ihre Väter einen genauso großen Einfluß darauf hatten. Wenn die Vergangenheit eines Menschen auch nicht unausweichlich seine Zukunft vorherbestimmt, legt sie doch einen entscheidenden Grundstein dafür.

Jede Frau formt ihr Mutterbild aus ihren Erfahrungen mit der eigenen Mutter. Deren Persönlichkeit, ihre Beziehung zur Tochter, ihre Ehe und die Art, wie sie ihr Leben lebt, wird für die Tochter auf unbewußter wie auf bewußter Ebene zur Grundlage dessen, was Frausein für sie bedeutet. Jede Tochter identifiziert sich damit, rebelliert dagegen und versucht letztendlich, mit dem emotionalen Erbe ihrer Mutter zurechtzukommen.

Wie auch immer die Motive und Erfahrungen einer Frau aussehen mögen – mit ihrer Entscheidung, kinderlos zu bleiben durchtrennt sie ein wichtiges Band zu ihrer Mutter und führt ein völlig anderes Leben als diese. Selbst wenn sie, wie viele meiner Gesprächspartnerinnen, ihre Mutter wirklich liebt, tritt sie doch in einer entscheidenden – aus der Sicht einer Tochter vielleicht der wesentlichsten – Hinsicht nicht ihre Nachfolge an.

Ob nun die Mutter-Tochter-Beziehung schrecklich oder phantastisch war – und häufig wird es eine Kombination aus beidem gewesen sein –, diese Mütter haben die Geschicke ihrer Töchter geprägt und einen bedeutenden Beitrag dazu geliefert, daß sie eine radikal andere Lebensform als die ihrer Mütter gewählt haben.

Eine bittere Szene am Weihnachtsabend ist der damals neunjährigen Melanie Taylor Zeit ihres Lebens unvergeßlich geblieben; dieses Erlebnis erklärt, warum Melanie beschloß, nicht dem Beispiel ihrer aufopferungsbereiten Mutter zu folgen. An jenem Weihnachtsabend hatte Melanies Mutter, eine Afroamerikanerin aus Allentown, Pennsylvania, die nach ihrer Scheidung alleinerziehend war, ihre zwei Töchter allein bei deren Tante gelassen, um noch ein paar Stunden zusätzlich in einem Büro putzen zu gehen. Obwohl sie sich abstrampeln mußte, um finanziell über die Runden zu kommen, hielt sie es für ihre allerwichtigste Aufgabe, es ihren Kindern an nichts fehlen zu lassen. Mrs. Taylor kam erschöpft mit dem schweren Weihnachtsbaum zurück, den sie für die Töchter gekauft hatte. Unter Melanies Augen stolperte sie auf der Türschwelle und schürfte sich dabei das Knie auf. Diese kleine Wunde wurde für Melanie zum Symbol für »all die Dinge, die Frauen für ihre Kinder tun müssen«. Vierundvierzig Jahre später sagte sie zu mir: »Nach diesem Vorfall schwor ich mir, so etwas niemals für jemanden zu tun – zu arbeiten, mich zu sorgen, mich aufzureiben. Ich möchte mich nie so für ein Kind aufopfern wie meine Mutter sich für uns aufgeopfert hat.«

Diese vitale, unkonventionelle Frau, die eine der ersten erfolgreichen Journalistinnen der schwarzen Minderheit wurde, folgerte aus den Erfahrungen ihrer Mutter, daß »Kinder dich ganz in Beschlag nehmen und total über dein Leben bestimmen«. Mrs. Taylor heiratete nie wieder, da sie fürchtete, kein Mann würde mit ihren Töchtern richtig umgehen, und so blieben die beiden für sie der Mittelpunkt ihres Lebens. Doch eigentlich benutzte sie ihre Kinder unbewußt dazu, um einen plausiblen Grund vorschützen zu können, warum sie keine neuen Beziehungen einging und sich nur auf ihre Mutterrolle konzentrierte, um ihrem Leben einen Sinn zu geben. Obwohl sie sich nie beklagte, vermittelte sie indirekt den Eindruck, daß Mutterschaft ein Martyrium sei und die Kinder der Grund für ihr Unglück. Konsequenterweise wollte Melanie den Fehler ihrer Mutter nicht wiederholen. Sie wollte nicht, daß ihr ein Kind eine solche Last wäre, wie sie für ihre Mutter gewesen zu sein meinte. Sie wollte weder masochistisch werden noch sich schuldig machen, also lehnte sie es ab, Mutter zu werden, und konzentrierte sich ganz auf ihren Beruf.

Aber es gab noch eine weitere kleine Zeugin beim Unfall mit dem Weihnachtsbaum, deren Leben ganz anders verlaufen ist als das von Melanie – sie bekam drei Kinder. Es ist kein Zufall, daß Melanies Schwester sich ganz anders an den Vorfall erinnert – bei ihr fehlt die Szene mit dem aufgeschürften Knie. Und da sie sich stärker mit ihrer Mutter identifizierte, erinnerte sie sich statt dessen daran, wie liebevoll und großzügig sie war. Dennoch glaubt Melanie, daß die selbstaufopfernde Haltung der Mutter auch bei ihrer Schwester Spuren hinterlassen hat. »Meine Schwester war sehr erleichtert, als ihre Kinder erwachsen waren und ihre eigenen Wege gingen, und trennte sich gleich darauf von deren Vater. Nun lebt sie zum ersten Mal wirklich für sich selbst anstatt für die anderen. Ich finde es schrecklich, daß sie das erst jetzt kann – und dabei liebt sie ihre Kinder.«

Was befähigt Melanie im Gegensatz zu ihrer Schwester, einen anderen, weniger üblichen Weg einzuschlagen? Beide Schwestern hatten eine völlig unterschiedliche Beziehung zur Mutter, und jede hat in ihrem Leben ganz andere Erfahrungen gemacht. »Meine Mutter schickte mich mit siebzehn nach New York, wo ich eine Ausbildung zur Krankenschwester machte. Das erweiterte natürlich meinen Horizont«, erklärte Melanie. »Ich wohnte bei einer Tante, die nie geheiratet oder Kinder bekommen hatte, und die Schwesternschule war eine weiblich geprägte Umgebung mit jungen Frauen jeder erdenklichen Herkunft. In diesem Umfeld habe ich vieles plötzlich in einem anderen Licht gesehen.« Wie Eva Martinez, die kleine Cousine der kinderlosen Plantagenbesitzerinnen, ließ sich auch Melanie von älteren Frauen inspirieren, die ihr Alternativen zur Mutterrolle vorlebten.

Da freiwillige Kinderlosigkeit bei schwarzen Frauen nur sehr selten vorkommt, wollte ich wissen, ob Melanie sich besonderem Druck ausgesetzt gesehen hatte, Kinder zu bekommen. »Mein Mann kommt aus Westindien, und schon einen Tag nach der Hochzeit wollte die angeheiratete Verwandtschaft wissen, wann wir denn Kinder haben würden. Unter den Schwarzen sprach man in den sechziger Jahren viel davon, als Nation stark zu werden, und daß schwarze Frauen deshalb die Pflicht hätten, Kinder zu bekommen.

Aber dieser Druck ist heutzutage nicht mehr so stark; das bekomme ich jedenfalls bei den Reportagen, die ich mache, mit.« Sie persönlich sieht ihre Aufgabe darin, durch Ihren Beruf anderen schwarzen Frauen als Vorbild zu dienen und ihren Beitrag dafür zu leisten, daß benachteiligte Studenten Stipendien für eine journalistische Ausbildung bekommen können.

Melanies Mutter machte ihre Töchter nur unterschwellig dafür verantwortlich, daß sie sich unglücklich fühlte. Andere Mütter äußern diese Beschuldigungen weitaus offener. Tammy Lyons, die Malerin, die es ihrer Freundin abgeschlagen hatte, ein Kind für sie auszutragen, hatte es als Kind erdulden müssen, daß ihre Mutter hauptsächlich ihr die physische und emotionale Last ihres Unglücklichseins aufbürdete. Tammy war die einzige in der Familie, der die Mutter anvertraute, wieviel Verachtung sie in ihrer Kindheit als halbe Cherokee erfahren hatte. Als Kind erlebte Tammy ständig, wie sich die verzweifelte Frau in Alkoholexzesse flüchtete. Sie schlug dann ihre Tochter und ihren Mann, für den sie keine Liebe empfinden konnte. »Meine Mutter sagte wiederholt zu mir, wenn ich nicht gewesen wäre, hätte sie das Leben haben können, das sie sich wünschte, und nur ich hielte sie davon ab. Ich sei schuld an ihrem Unglück. Das hat mich sehr geprägt«, erinnerte sich Tammy. Obwohl sie allmählich begriff, daß die Probleme ihrer Mutter bereits vor ihrer Geburt existiert hatten, war es schwierig für sie, sich nicht doch deswegen schuldig zu fühlen.

Tammy konnte sich nie in der Mutterrolle vorstellen. »Wenn wir als Kinder Familie spielten, dann war ich immer der Vater; ich stand auf, rasierte mich, ging zur Arbeit und mußte nicht mehr mitspielen. Während die anderen weiterspielten, hatte ich Zeit, nachzudenken – auf diese Weise wurde ich Malerin«, sagte sie trocken. Die Nonnen, die sie aufzogen, waren ihre Rettung. Die Schwestern waren für sie gleichermaßen Ersatzmütter und Vorbilder. Tammy blieb so lange wie möglich in diesem Kloster in ihrer Heimatstadt Tucson. Mit der freundschaftlichen und finanziellen Unterstützung der Schwestern zog sie mit zwanzig nach Chicago, wo sie Kunst studierte und unterrichtete und später eine lokale Fernsehgröße heiratete.

Tammy hat hart daran gearbeitet, sich im Gegensatz zu ihrer Mutter logisch und rational zu verhalten, aber noch bis vor kurzem hat sie befürchtet, daß auch sie ihr Kind, wenn sie eines hätte, seelisch mißbrauchen würde. Obwohl sie inzwischen sicher ist, bei einem Kind nicht die Selbstbeherrschung zu verlieren, ist sie doch auch ohne Familie mit ihrer Arbeit und ihrer Ehe zufrieden. »Meine Lebensgeschichte hat meinen Entschluß geformt«, sagte sie mir zum Schluß.

Obwohl die Beziehung zwischen Tammy und ihrer Mutter so stark belastet war, versöhnten sich beide völlig unerwartet am Sterbebett ihrer Mutter. »So seltsam es für mich auch war – ich war dabei, als meine Mutter starb«, erzählte mir Tammy. »Ich habe mich bei ihr sozusagen dafür entschuldigt, daß ich ihr keine Enkel geschenkt habe und daß ich ihr diesen Gefallen bestimmt auch nie tun würde. Sie sagte, es tue ihr leid, wenn sie mir den Eindruck vermittelt habe, daß sie unbedingt Enkel wolle, denn sie merke sehr wohl, daß mein Mann und ich eine wunderbare, liebevolle Beziehung hätten. ›Ihr habt euch‹, sagte sie, ›und das allein zählt.‹ Damit hat sie mir schließlich doch noch das Gefühl gegeben, daß sie mich akzeptiert hat.«

Tammy hatte die Gelegenheit, noch zu Lebzeiten der Mutter mit ihr Frieden zu schließen. Das konnte die Choreographin Tess Clark erst Jahre nach dem Tod ihrer Mutter, als sie selbst schon in mittlerem Alter war. Tess' Mutter, die, wie Tess sagte, »mich nur in die Welt gesetzt hat, weil die Frauen in den vierziger Jahren sich nicht dem Willen ihrer Männer widersetzt haben«, lehnte die Tochter ab und machte sie für den vorzeitigen Tod des über alles geliebten Vaters verantwortlich, da er sich seiner Tochter zuliebe über seine Kräfte verausgabt habe. Schon als kleines Mädchen graute es Tess vor ihrer Mutter – und in weiterem Sinne vor Mutterschaft an sich. »Es war mir wichtig, auf keinen Fall die Geisteshaltung und das Temperament meiner Mutter anzunehmen, und dazu gehörte auch, keine Kinder zu bekommen«, erklärte sie.

Offener Widerstand, Trotz und unterschwellige Verlassenheitsgefühle sind ganz normal bei Frauen, die wie Tess »früh und mit absoluter Bestimmtheit« ausschließen, selbst Mutter zu werden. Da sie aufgrund ihrer traumatischen Kindheitserfahrungen die Verbindung zur eigenen Mutter auf so vielen Ebenen wie möglich zu lösen trachten, gibt es für sie gar kein Dilemma in Form eines quälenden Entscheidungsprozesses.

Amy Brandon wurde von ihrer Mutter nicht aggressiv, sondern eher gleichgültig behandelt, da sie anderweitig engagiert war, nämlich als überzeugtes Mitglied der Kommunistischen Partei. Die zweiundvierzigjährige Reporterin, die sich auf kriminalistische Sensationsstorys spezialisiert hat, war »sozusagen ein Baby mit ›roten Windeln‹«. Die Parteiaktivitäten nahmen die ganze Energie ihrer Mutter in Anspruch, für ihr Kind blieb da nicht mehr sehr viel übrig. Sie gab Amy mit zwei Jahren zu einer Tagesmutter – für 1952 ein höchst ungewöhnlicher Schritt. »Sie war politische Aktivistin, außerdem schwer asthmakrank und überhaupt nicht darauf vorbereitet, mit Kindern umzugehen«, erinnerte sich die offene, bodenständige Amy. »Es war eine schreckliche Zeit – ich hatte eine wirklich unglückliche Kindheit, und ich möchte das nicht noch einmal erleben.«

Obwohl sie ihrer Mutter vergeben und die Möglichkeit,

selbst Mutter zu werden, nicht völlig ausgeschlossen hat, fürchtet sie eine Wiederholung ihrer eigenen Vergangenheit für sich und für das Kind: »Meine größte Horrorvorstellung ist, daß ich ein Kind hätte, das mich genausowenig lieben kann, wie ich damals meine Familie abgelehnt habe und meine Mutter wiederum mich.«

Im nachhinein kann Amy Mitgefühl mit ihrer Mutter empfinden und bewundern, wie unverbrüchlich sie in ihrer schwierigen Lage an ihren Prinzipien festhielt, auch wenn aus Amys Sicht der Tribut zu hoch war. »Sie war eine mutige und interessante Frau«, sagte Amy anerkennend. »Einer ihrer größten Kämpfe war der, den sie für ein selbstbestimmtes Leben führen wollte.« Vor dem Hintergrund ihrer eigenen Kindheitserfahrungen fürchtet Amy wann immer sie die ehrgeizigen Zeitgenossinnen in der Journalistenbranche sieht – Workaholics, die es im Grunde genommen ihren Kindermädchen überlassen, ihre Kinder aufzuziehen –, daß »es in der nächsten Generation viele zornige Frauen geben wird«. Sie selbst macht keine halben Sachen. Sie verbringt ihre Tage damit, in ihren Lieblingsvierteln umherzustreifen, auf du und du mit Detektiven und zwielichtigen Gestalten, über deren Leben sie schreibt. »Bei meinem Terminkalender«, sagte Amy lachend, »habe ich nicht einmal richtig Zeit für meinen Hund.«

Für Amy ist ihr gegenwärtiges Leben eine Art Wiedergutmachung ihrer Vergangenheit. »Ich möchte nie mehr wieder nur an zweiter Stelle stehen«, sagte sie. »Erst seit den letzten zehn Jahren habe ich das Gefühl, zu mir selbst zu kommen, und ich möchte das nachholen, was ich nicht hatte. Im besten Fall wäre Mutterschaft eine zwiespältige Erfahrung für mich. Die Vorstellung, noch einmal so eine schwierige, chaotische Zeit durchzumachen, reizt mich nicht besonders.« Aus Angst, noch einmal jemanden zu brauchen und damit das Risiko einzugehen, verlassen zu werden, zögerte sie lange, bis sie sich sicher genug fühlte, den Mann zu heiraten, mit dem sie schon seit Jahren zusammenlebte.

Es ist bemerkenswert, daß Melanie und Amy, die aus so unterschiedlichen Welten stammen, mir beide mit den gleichen Worten erzählten, daß »Mutterschaft nichts als Aufopferung« bedeute. Ihre Mütter kämpften beide ohne Erfolg mit dem fast unlösbaren Problem, zugleich die Bedürfnisse des Kindes und ihre eigenen erfüllen zu wollen. Die eine opferte sich selbst, die andere ihr Kind. Die Töchter dieser zwei Frauen wollten beide nicht riskieren, ein ähnliches Schicksal zu haben.

Die hier interviewten Frauen identifizierten sich in höchst unterschiedlichem Maße mit ihren Müttern. Die Bandbreite reicht von der Filmemacherin Jackie Fast: »Ich hatte immer das Gefühl, wenn ich das Gegenteil von dem machte, was sie gesagt oder getan hatte, war ich auf der richtigen Spur«, bis hin zur Handelsvertreterin Nora Adams: »Ich liebe meine Mutter über alles – zwischen uns besteht eine echte Seelenverwandtschaft«. Viele dieser Frauen lobten den Charakter, die Interessen und die Leistungen ihrer Mütter, die über die Mutterrolle hinausgingen, aber eine jede lehnte es ab, eben diese Rolle selbst zu übernehmen.

Die Tatsache, daß im Prinzip jede Frau, die ich interviewt habe, ihren Verzicht auf eigene Kinder größtenteils auf ihre Beziehung zur eigenen Mutter zurückführte, bedeutet nicht, daß er nur eine bloße – vielleicht sogar pathologische – Reaktion darstellt. Frauen, die diese Wahl treffen, haben oft die ausgeprägte Fähigkeit, unabhängig zu denken, haben enge Freundschaften und stabile Beziehungen, tragen große Verantwortung und besitzen einen hohen Grad an Reife und eine ausgeglichene Psyche. Nicht allein die Mutter, auch andere Faktoren prägen die Vorstellung, die eine Frau von Mutterschaft hat, wie zum Beispiel der Vater oder die Geschwister, das Bild, das sie von der Ehe ihrer Eltern hat, ihre Lebensumstände und ihre eigenen Charakterzüge. Alles in allem kann aber keine Entscheidung für oder gegen ein Kind frei vom Einfluß der Mutter-Tochter-Beziehung sein.

Egal, wie gut der Tochter der Abnabelungsprozeß gelingt und wie authentisch ihr eigener Lebensentwurf ist, sie kann immer noch befürchten, ihr Leben automatisch zu wiederholen, sobald sie ein Kind zur Welt bringt – fast so, als stünde sie unter einem Fluch. Ein Kind zu haben bedeutet, wieder an einer Mutter-Kind-Beziehung teilzuhaben, die sie unerbittlich in die eigene Vergangenheit zurückkatapultieren würde. Das riefe Gefühle und Erfahrungen in ihr wach, die sie nicht wiedererleben möchte. Sie fürchtet entweder, daß sie wie ihre Mutter werden könnte, oder daß das Kind sich ihr gegenüber verhielte wie ihre Mutter – ihr keine Liebe geben könnte und völlig über ihr Leben bestimmen würde.

»Haben wir nicht immer Angst davor, als Erwachsene genau die Eigenschaften zu haben, die wir an unseren eigenen Müttern unerträglich finden?« fragte mich die Werbefachfrau Julie Stratton am Telefon, während sie gleichzeitig mit zwei weiteren Anrufern sprach. Obwohl Julie mit ihren zweiunddreißig Jahren mehrere Multimedia-Werbekampagnen gleichzeitig betreut, fürchtet sie, als Mutter so kindlich und unorganisiert zu werden wie ihre eigene, die unfähig war, Verantwortung zu übernehmen: »Diese spezielle Verantwortung macht mir wirklich Angst, obwohl das eigentlich nicht meine Art ist – ich werde sonst mit allem fertig«, sagte sie leichthin, aber doch mit gewissem Nachdruck.

Julie hat diese Ängste, obwohl sie weiß, daß sie wahrscheinlich nie Wirklichkeit werden. Ihre ganze Familie war »wild und verrückt«. Die Eltern waren Hippies, die ihre Kinder wie Gleichgestellte behandelten und gemeinsam mit ihnen Drogen nahmen. »Wir waren alle in hohem Maß durch Alkohol und Drogen verhaltensgestört«, sagte sie. »Erst als mein Bruder an einer Überdosis starb, änderte sich alles. Das hatte ungeheure Auswirkungen auf mich. Ich habe immer Angst davor gehabt, die gleiche Art von Mutter zu werden wie meine es gewesen ist. Sie wurde nie erwachsen. Kurz vor ihrer ersten Niederkunft sagte sie zu meinem Vater: ›Jetzt gibt es kein Entkommen mehr für mich, nicht wahr?‹ Mit dieser Geschichte bin ich aufgewachsen. Kein Wunder, daß mir das Angst einjagt.«

Julies Mutter war nicht nur inkompetent, sie war allgegenwärtig. »Meine Mutter war das jüngste von zwölf Geschwistern, sie stammte aus den Bergen vom West-Virginia und klebte an uns wie die Baumwolle am Blütenstengel«, berichtete Julie. »Die ganze Zeit hieß es ›füll mich aus, gib mir einen Sinn.‹ Sie konnte nicht alleine sein. Sie führte kein eigenes Leben, und sie mußte es auch nicht. Unbewußt fürchte ich, daß auch ich meine Kinder so unglaublich fest an mich binden würde, daß sie dies Band kaum zertrennen könnten.«

Fast ihre ganze Jugend verbrachte Julie damit, vor den Eltern zu fliehen und gegen sie zu rebellieren. »Jetzt ist unsere Beziehung viel gesünder, aber früher war sie ein einziger Kampf. Ich habe immer versucht, meiner Mutter zu entkommen. Mit achtzehn bin ich von zu Hause ausgezogen und habe mit einem Mann zusammengelebt, und dann bin ich einige Jahre nach Europa gegangen.« Mit fünfundzwanzig traf sie Jeff, einen sportlichen, abenteuerlustigen Rechtsanwalt, mit dem sie seitdem zusammenlebt, und fand einen Beruf, der sie wirklich fordert.

Julie versucht, möglichen Bedrohungen ihres hart errungenen Glücks vorzubauen und sie zu umgehen. Im Bewußtsein, daß das übermäßige Engagement ihrer Mutter bei ihren Kindern einen Keil zwischen ihre Eltern trieb, die sich scheiden ließen, nachdem die Kinder das Elternhaus verlassen hatten, kümmert sie sich intensiv darum, daß ihre eigene Ehe gut funktioniert. »Meine Schwester hat ein dreieinhalb- jähriges Kind, und ich habe gesehen, was das für Auswir- kungen auf ihre Beziehung hat«, erzählte Julie. »Ich habe es da besser getroffen. Meine Entscheidung wurde auch nie zum Problem, denn Jeff hat Kinder aus seiner früheren Ehe, und es war wunderbar bequem für mich, mich auf diese Be- ziehung einzulassen. Es hat sich nur positiv auf uns ausge- wirkt, daß wir keine gemeinsamen Kinder haben. Wenn wir uns nicht gerade unserem Beruf widmen, verbringen wir un- sere Zeit miteinander – das macht unsere Beziehung noch schöner.«

So beschäftigt und zufrieden Julie mit ihrem Leben ist, manchmal grübelt sie in ihren seltenen freien Stunden dar- über nach, ob sie nicht doch Mutter werden möchte. Einer- seits genießt sie es als »die ultimative Freiheit«, niemanden zu haben, der von ihr so abhängig ist, wie ihre Mutter es da- mals war oder wie ein Kind es jetzt sein würde. Wie Amy Brandon genießt sie zum ersten Mal ihr Leben voll und ganz, und sie möchte sich das »nicht vermasseln«. Dennoch hat sie Angst, daß andere sie für »hedonistisch« halten könnten. Wie sie sagt, ist sie sich darüber im klaren, daß »ich mich eigentlich nur selbst unter Druck setze aus Angst, ich würde mich vor meiner Verantwortung als Frau drük- ken. Das lastet zweifellos schwer auf meinen Schultern. Ich fürchte, daß ich nie genug Vertrauen und Selbstsicherheit besitzen werde, um Mutter sein zu können – ich sehe oft Mütter mit kleinen Kindern, und die Mütter wirken so ent- schieden und stark, als ob sie genau wüßten, was richtig ist.« Eine solch idealisierende Beschreibung aus ihrem Munde zu hören ist erstaunlich, denn zum einen trifft sie kaum auf alle Mütter zu, zum anderen denken sicher viele Frauen genau das gleiche von Julie. Ohne es zu merken, de- finiert Julie Mutterschaft als das einzig legitime Kriterium für weibliche Kompetenz – ein Problem, mit dem auch ich innerlich zu kämpfen hatte, und dem sie sich stellen muß, welche Entscheidung sie auch immer treffen mag.

Julie ist noch dabei, ihre Gefühle bezüglich der Mutterrolle und damit auch die Grundlagen ihres Selbstwertgefühls zu klären. »Der Grund, warum ich früher nie darüber gesprochen habe, ist der, daß ich mich als Mutter für ungeeignet halte, und das möchte ich nicht gerade ausposaunen, denn die Gesellschaft respektiert das nicht. Ich habe immer noch das Gefühl, definitiv die falsche Entscheidung getroffen zu haben – aber ich habe sogar eine Hellseherin befragt, die mir sagte, ich solle keine Kinder bekommen.«

Wenn Julie ihre persönliche Zukunft mit der ihrer Verwandten vergleicht, befürchtet sie, daß sie ihren Schritt später bereuen könnte. »Ich sehe, wie die Familie meiner Mutter ständig wächst«, sagte sie wehmütig. »Ich habe Angst, daß ich meine Entscheidung einmal bitter bereuen muß und im Alter einsam sein werde. Die Gesellschaft sagt Leuten wie mir eine kalte und einsame Existenz voraus. Niemand wird mit mir Weihnachten feiern, niemand wird da sein, dem ich die Geschenke geben könnte. Jeder meint, daß es nur einen richtigen Weg gibt, nämlich den, ein Kind zu bekommen. Es ist eine große Erleichterung, wenn man mit Menschen zusammen ist, die nicht so denken.«

Aber Julie weiß, daß sie jung ist und noch Zeit hat, ihre Meinung wieder zu ändern. Die Möglichkeit, eine eigene Familie zu haben, hat auch durchaus ihren Reiz für sie. »Unsere Kinder wären bestimmt ganz wunderbar – groß, athletisch und begabt. Und wir wären sicherlich ausgesprochen tolerante Eltern.« Julie traut es sich durchaus zu, den Laisser-faire-Stil ihrer Mutter in etwas Positives umzuwandeln.

Sollten Julies Ängste letzten Endes stärker sein als ihre Sehnsucht, weiß sie, daß sie dann mit diesem Verlust und dem Gefühl, unzulänglich zu sein, fertigwerden muß.

»Wenn ich erst einmal erkenne, daß ich definitiv kein Kind will, werden wir uns wahrscheinlich sterilisieren lassen. Ich möchte keine ungewollte Schwangerschaft riskieren. Ich habe zu oft gesehen, was das heißt. Zweifellos werde ich, wenn ich diesen Schritt tue und weiß, daß ich nun kein Kind mehr bekommen kann, sehr traurig sein«, gab sie zu. »Dann heißt es Abschied nehmen von einer Erfahrung, an der ich beschlossen habe, nicht teilzuhaben.«

Anders als für ihre Mutter ist es für Julie essentiell, ihr eigenes Leben zu führen, dem sie selbst einen Sinn geben will. »Ich möchte vor allem, daß man sich wegen der Dinge an mich erinnert, die ich während meines Lebens getan habe. Ich bin schon glücklich, wenn ich es fertigbringe, ein Lächeln auf ein Gesicht zu zaubern. Daran sollen sich die Leute erinnern, wenn sie an mich denken; ich möchte nicht nur als ein Teil meiner Kinder weiterleben.«

Julie und andere, deren Mütter nur begrenzt fähig waren, für ihre Kinder zu sorgen, sehen Kinderlosigkeit als Möglichkeit an, ihre Autonomie zu sichern. Insbesondere als älteste Tochter oder als einziges Mädchen in der Familie fühlten sie sich genötigt, an Stelle der Mutter ihre Geschwister aufzuziehen. Für viele von ihnen war dieses eine Mal genug; nun, wo sie sich als Erwachsene frei entscheiden können, möchten sie ohne Kinder leben. So zum Beispiel die Journalistin Diana Russo. »Ich bin schon einmal Mutter gewesen«, sagte sie. »Ich habe meinen Schwestern die Eltern ersetzt, und bin für sie in einer Weise dagewesen, wie meine Eltern, zwei schwierige Charaktere, es nicht sein konnten. Für mich würde ein eigenes Kind bedeuten, daß ich mich schon wieder mit vollem Einsatz um das Leben eines anderen kümmern müßte.«

Es gibt keine simple Gleichung, die erklärt, warum Frauen freiwillig kinderlos bleiben. Viele meiner Interviewpartnerinnen hatten eine traumatische Kindheit – aber das kommt genauso bei Frauen vor, die sich für eine eigene Familie entschieden haben, um diese Erlebnisse zu kompensieren und gewissermaßen das zweite Mal alles richtig zu machen. Und viele der Frauen, mit denen ich sprach, hatten kluge, liebevolle Eltern, auf die sie große Stücke halten und denen sie in allen anderen Lebensbereichen nacheifern.

Schon als kleines Mädchen, als sie davon träumte, Schnulzensängerin in Chicago zu sein oder die Rocky Mountains zu besteigen, vergötterte Barbara Cowan ihre »stille« Mutter, eine »bemerkenswerte« Frau, deren größter Wunsch es gewesen war, eine »Wagenladung Kinder zu bekommen«. »Meine Mutter verkörpert die Art von Mensch, die ich gerne sein möchte«, erklärte sie.

Barbara, die Agentin asiatischer Künstler, entschied sich für eine ganz andere Lebenswelt als ihre Mutter, spricht aber heute noch überschwenglich von ihrer Erziehung im kleinstädtischen Kansas vor fünfzig Jahren. Ihre Mutter, eine Klavierlehrerin, genoß ihr konventionelles Leben voll und ganz. »Sie war gerne Mutter und beklagte sich nie, aber sie hätte mehr aus ihrem musikalischen Talent machen können.« Barbara hat als einzige der sechs Schwestern, die alle noch engen Kontakt miteinander haben, keine eigene Familie. Sie erinnert sich daran, mit ihren Puppen »romantische Rollen« gespielt zu haben. »Meine Phantasien hatten immer mit beruflicher Karriere zu tun; ich habe nie die Mutter gespielt.« Barbara sieht keinen Widerspruch darin, ihre Mutter zu bewundern, aber »immer ein Leben gewollt zu haben, das ganz anders ist als das ihre«.

Wie erklärt sie ihre Nonkonformität? »Wir waren eben viele Kinder. Ich habe nie das Gefühl gehabt, daß mir etwas gefehlt hat, aber es hat mich gestört, daß wir alle das gleiche Maß an Aufmerksamkeit bekommen haben. Ich habe versucht, mich sozusagen aus der Masse hervorzuheben. Ich bin immer anders gewesen als meine Schwestern. Als ein

Verwandter Fotos von uns Geschwistern angeschaut hat, hat er bemerkt, ich sei immer schon künstlerisch orientiert gewesen und hätte überdurchschnittliches Interesse an allem Kreativen und der Vielfalt des Lebens gezeigt.« Barbara ergriff einen Beruf und blieb ohne Kinder – das war ihre Art, ihre Individualität zu entwickeln, und sie warb damit erfolgreich um die Aufmerksamkeit ihrer Eltern.

Barbara vergißt nicht, daß ihre Eltern ein langes und glückliches Leben zusammen hatten, aber ihre Bemerkungen darüber, wie Kinder eine Ehe beeinträchtigen können, lassen erkennen, daß sie insgeheim ihre eigene Ehe von der ihrer Eltern unterscheidet: »Ich glaube gar nicht, daß Kinder Menschen einander näherbringen. Eltern machen zwar immer alles zusammen, allerdings nicht unbedingt als Partner. Aber mein Mann und ich sind wirklich glücklich miteinander und auch mit unserer Arbeit.« Sie betont klar und unmißverständlich, wie wichtig es ist, den Wert einer Frau an dem zu messen, was sie selbst erreicht hat, und nicht an ihrer Mutterrolle. »Als meine Schwester kürzlich für ihre Wohltätigkeitsarbeit ausgezeichnet wurde, kam ihr Mann auf die Bühne und schenkte ihr eine Rose für jedes Enkelkind. Das ärgerte mich richtig, denn schließlich wurde sie hier für sich selbst geehrt – und an der Zahl der Enkelkinder kann man doch keine Leistung ermessen.«

Sie selbst ist stolz und glücklich darüber, als Vorstreiterin angesehen zu werden. Obwohl sie niemals von sich aus über ihren kinderlosen Status spricht, erläutert sie bereitwillig ihre Ansichten dazu, wenn man sie danach fragt. »Ich möchte bestimmt niemanden entmutigen, der eine Familie gründen will, aber ich kann jedenfalls zufrieden sagen: ›Wir haben diese Entscheidung getroffen, und ich habe sie nie bereut.‹ Ich kenne so viele jüngere Frauen, die mir sagen, ›Ich bin froh, daß Sie mir das gesagt haben. Es war wichtig für mich, mit Ihnen darüber zu reden!‹«

Eine Frau muß nicht unbedingt eine glückliche Kindheit gehabt haben, um die positiven Eigenschaften ihre Mutter würdigen zu können. Mollys Eltern ließen sich nicht scheiden, obwohl sie es besser getan hätten, aber dennoch schreibt sie es ihrer Mutter zu, in ihr die Fähigkeit genährt zu haben, selbständig zu denken. Molly, eine Maskenbildnerin, erzählte mir: »Ich durfte mir immer meine eigene Meinung bilden. Das ist der springende Punkt. Niemand drängte mir je auf, was ich denken sollte, und so hörte ich nie, daß es schlecht, dumm oder verrückt sei, keine Kinder haben zu wollen. Meine Sozialisation verlief anders. Meine Mutter respektierte mich dafür, daß ich meine eigenen Entscheidungen traf.«

Selbst die gesündeste und glücklichste Beziehung zwischen Tochter und Mutter ist ambivalent und kennt den Konflikt zwischen dem Bedürfnis, sich abzunabeln und dem, eng verbunden zu bleiben, zwischen dem Wunsch, wie die Mutter zu werden oder sich ganz anders zu entwickeln. Eine Mutter, die im großen und ganzen zufrieden und ihrer selbst sicher ist, läßt diese Spannungen zu, erkennt die eigenständige Persönlichkeit ihrer Tochter an und ermutigt sie, die mannigfaltigen Möglichkeiten ihres eigenen Lebens zu entdecken. Sie möchte, daß ihre Tochter selbständig denkt, freut sich über Selbstbestätigung, fördert und ermutigt sie durch das, was sie tut und denkt. Die Entscheidung, nicht Mutter zu werden, kann Ausdruck der Freiheit sein, die solch eine Mutter zugelassen hat.

Warum sollte sich eine Frau nach einer wirklich glücklichen Kindheit mit einer liebevollen Mutter dazu entscheiden, selbst nicht Mutter zu werden? Eine Tochter, die ihre Mutter sehr liebt, wird nicht den Zwang verspüren, in jeder Hinsicht ihrem Beispiel zu folgen; genausowenig wie eine Tochter, die ihre Mutter haßt, notwendigerweise sämtliche Spuren von ihr auslöschen wird. Ein Kind zu wollen ist nicht zwingendes Resultat des normalen Identifikationsprozesses eines Mädchens mit ihrer Mutter, und wenn sich eine Frau anders entscheidet, heißt das nicht unbedingt, daß etwas falsch gelaufen ist; jede Entscheidung kann richtig sein. Eine wirklich gute Mutter wird, so gut sie es vermag, den Grundstein dafür legen, daß ihre Tochter sich authentisch entscheidet, indem sie ihren Mut fördert, den eigenen Weg zu gehen.

Barbara und Janet glauben, daß ihre Mütter mit ihrer traditionellen Rolle vollkommen zufrieden waren, obwohl sie selbst es nicht sein würden. Die meisten Frauen jedoch, mit denen ich sprach, fanden bei ihrer Mutter verborgene Unzufriedenheit, die sich in unterschwelliger Frustration äußerte oder im Gefühl, Talente vergeudet oder auf zu vieles verzichtet zu haben.

Melanies Mutter gab vor, der Kinder wegen einer erneuten Heirat aus dem Weg zu gehen. Viele Frauen blieben aus dem gleichem Grund in einer unglücklichen Ehe. Die Gastwirtin Nancy Sherman hält ihre Mutter für »eine tolle, ziemlich exaltierte Frau«. Aber Nancy spürte als Kind, daß irgend etwas mit ihr nicht stimmte. »Meine Mutter hatte wahrscheinlich das Gefühl, in die Falle gegangen zu sein«, so vermutete sie. »Sie heiratete mit achtzehn und bekam mit zwanzig Zwillinge. Es wäre besser gewesen, wenn meine Eltern sich hätten scheiden lassen, aber wegen der Kinder war das für sie ausgeschlossen.« Nancy schwor sich, daß ihr das nicht passieren sollte, und suchte sich als Lebensgefährten und Geschäftspartner einen Mann, der ebenfalls keine Familie wollte.

Ein Kind in Nancys Situation kann leicht zu dem Schluß kommen, daß es für das Scheitern der Ehe seiner Eltern verantwortlich ist, oder dafür, daß die Zukunftsaussichten seiner Mutter verbaut waren, da die Familienpflichten sie zwangen, das eigene Glück zu opfern. Die Tochter kann folgern, daß ihre Existenz das Leid der Mutter andauern ließ und daß die Eltern nur wegen ihr die Ehe aufrechthielten. Ob dies nun der Wahrheit entspricht oder nicht, unbewußt glaubt sie, daß es den Eltern ohne sie besser ergangen wäre und sie sich getrennt hätten. Weil sie sich sowohl mit ihrer Mutter als auch mit sich selbst als kleinem Kind identifiziert, macht sie sich für den Schmerz ihrer Mutter verantwortlich und möchte vermeiden, diesen Schmerz selbst zu erleben. »Das könnte mir auch passieren«, fürchtet sie. »Wenn ich ein Kind hätte, könnte ich in der gleichen Klemme stecken wie meine Mutter.« Eine von Vertrauen geprägte, kinderlose Ehe und ein solider Beruf bieten ihr genügend Schutz vor einer Wiederholung dieses Kindheitsmusters.

Die Casting-Agentin Myra Wyeth sieht ihr Leben ganz klar als Reaktion auf die Unzufriedenheit ihrer Mutter. »Meine Mutter war immer da; sie hatte immer Zeit für uns, nie für sich selbst. Sie war eigentlich Lehrerin, fühlte sich aber verpflichtet, mir jeden Tag ein Mittagessen zu kochen. Es wurmte sie insgeheim, ans Haus gefesselt zu sein und mehr Verantwortung tragen zu müssen, als ihr lieb war. Das lief zwar alles unterschwellig ab, aber es war da. Meine Kinderlosigkeit ist Ausdruck meiner Ablehnung und Kritik an ihrer Art zu leben.« Myra versteht, daß ihre Mutter den Erfolgen ihrer Tochter ambivalent gegenübersteht. »Wir sind uns recht ähnlich, und ich mache vieles, was sie selbst gern getan hätte«, erzählte sie mir. »Und deswegen ist sie stolz, aber auch eifersüchtig auf mich.«

Frauen gehen unterschiedlich mit den Anforderungen um, die es mit sich bringt, rund um die Uhr Mutter zu sein. Einige, so wie meine Mutter oder die von Nancy und Myra, gehen ganz in dieser Rolle auf und machen sie zu ihrem Beruf, und oft gehen sie dabei soweit, daß sie nur noch durch ihre Kinder leben. Nancy beschrieb ihre Mutter als »über die Maßen emotional verfügbar«. Andere, wie zum Beispiel die Mutter der Kinderpsychiaterin Jane Michaelis, sorgen für ihre Familie, bringen aber wenig Enthusiasmus für die Hausarbeit auf. Janes Mutter hätte phantastische Führungsqualitäten gehabt, aber sie war eine miserable Köchin. Nach Janes Ansicht hätte besser ihr Vater der Hausmann sein und ihre Mutter die Familie ernähren sollen. »Unterschwellig empfand sie immer Bitterkeit über ihre Mutterrolle«, sagte Jane. »Sie hatte das Gefühl, zu Hause bleiben zu müssen, und sie vermißte es, andere Erfahrungen als die einer Hausfrau und Mutter machen zu können.« Jane lebt bewußt das Leben, das ihre Mutter gern gehabt hätte, wenn es ihr möglich gewesen wäre. In ihrer eigenen Ehe ist sie die Hauptverdienerin, während ihr Mann kocht und sich um den Haushalt kümmert.

Mutter zu sein und gleichzeitig arbeiten zu gehen war für die Frauen der früheren Generationen ein noch größeres Wagnis, als dies heutzutage der Fall ist. Es gab keine Vorbilder, keine auf Abruf verfügbare und erschwingliche Kinderbetreuung und wenig sozialen Rückhalt. Viele meiner Gesprächspartnerinnen sagten aus, daß ihre Mütter in erster Linie deswegen zu Hause blieben, weil »man dies von den Frauen erwartete«. In Anbetracht des gesellschaftlichen Druckes ist es verständlich, daß es nur wenig Müttern gelang, ihr eigenes Leben zu führen. So war zum Beispiel Meredith Reynolds Mutter ausgebildete Physikerin, vor fünfundzwanzig Jahren für eine Frau eine Seltenheit. Aber sie gab die Arbeit im Labor auf, um eine »unerträglich unerfüllte« Nur-Hausfrau zu werden. Ihre Tochter wählte einen anspruchsvollen Beruf als Publizistin, bei dem sie zwischen Kalifornien und New York hin und herpendeln muß.

Es ist nicht einfach nur die Reaktion auf negative Erinnerungen, wenn sich Töchter solch talentierter aber unzufriedener Frauen gegen Kinder entscheiden. Sie haben durch ihre Mütter auch Anregungen erfahren. Diese Töchter waren diejenigen in der Familie, denen die Mutter die eigenen unverwirklichten Wünsche anvertraut hat. Oftmals ist dieser Ansporn, den die Töchter dadurch erhalten haben, das Beste, was ihnen ihre Mutter mitgegeben hat.

Eva Martinez, die Landschaftsgärtnerin, mußte zwar die unglückliche Ehe ihrer Eltern miterleben, hält es aber ihrer Mutter zugute, daß sie sie dazu ermutigte, einen Beruf zu ergreifen. »Meine Mutter war ausgebildete Juristin, übte ihren Beruf aber nie aus«, erzählte sie mir. »Sie war ein sehr widersprüchlicher Mensch – sie tat nicht das, was sie wirklich wollte, trotz ihrer Überzeugung, daß Frauen arbeiten und unabhängig sein sollten. Als ich mit meiner Arbeit anfing, sagte sie: ›Du wirst schon ein bißchen für mich mitarbeiten.‹«

Die Schauspielerin Linda Krystal, die sich dafür entschieden hatte, hauptberuflich im Theater zu arbeiten »wie ein Mann«, machte alles ganz anders als ihre Mutter. »Meine Mutter war Schauspielerin; sie gab ihren Beruf auf und lebte ganz durch meinen berühmten und gutaussehenden Vater«, erzählte Linda. »Sie ermutigte mich unaufdringlich, einen anderen Weg zu gehen als sie. Ich spürte ihre Trauer darüber, daß sie ihre künstlerische Seite nicht verwirklichen konnte. Zwar war sie nach und nach ganz zufrieden mit dieser Lebensweise, aber da war immer etwas, was in ihr rumorte.« Im Gegensatz zu ihrer Mutter verwirklichte Linda ihre eigenen Träume, und sie rebellierte gegen alles, was auch nur im entferntesten an die traditionelle Frauenrolle erinnerte, die ihre Mutter gewählt hatte. Sie weigerte sich, zu kochen und zu putzen – und glücklicherweise fand sie einen Lebensgefährten, der das nicht von ihr erwartete.

Viele meiner Interviewpartnerinnen erwähnten, daß sie als einzige in ihrer Familie keine Kinder hatten. Als ich Jane

Michaels fragte, warum ihre Schwester eine Familie habe und sie nicht, antwortete sie prompt, sie habe das verwirklicht, was ihre Mutter gewollt, und ihre Schwester habe das wiederholt, was ihre Mutter tatsächlich getan hatte. Geschwister haben psychologisch gesehen nicht notwendigerweise dieselben Eltern, obwohl es physisch natürlich ein und dieselben Personen sind. Eltern projizieren unterschiedliche Aspekte von sich selbst auf ihre Kinder und behandeln sie auch unterschiedlich. Umgekehrt beeinflußt die Persönlichkeit eines Kindes seine Interaktionen mit den Eltern. Hinzu kommt, daß die jeweiligen Lebensumstände einer Mutter sich bei jedem Kind drastisch unterscheiden können. So erklärt sich die unterschiedliche Erinnerung, die Melanie und ihre Schwester an die Episode mit dem Weihnachtsbaum haben: Jede hatte eine ganz individuelle Beziehung zu ihrer Mutter.

Nicht nur Mütter, auch Väter üben auf ihre Töchter einen starken Einfluß ganz eigener Art aus. Jedoch hatte nur eine Minderheit meiner Gesprächspartnerinnen den Eindruck, daß ihre Beziehung zu ihrem Vater eine signifikante Rolle bei ihrer Entscheidung, kinderlos zu bleiben, gespielt hatte. Das läßt darauf schließen, daß die Bande zwischen Mutter und Tochter meistens der stärker determinierende Faktor sind. Für einige von ihnen jedoch war die Vertrautheit und Intensität ihrer Beziehung zum Vater der ausschlaggebende Faktor bei ihrer Entscheidung. Die Augen dieser »Papakinder« leuchten noch immer, wenn sie den Mann beschreiben, der der wichtigste Mensch in ihrer Kindheit war, und für manche von ihnen dauert dieses »Liebesverhältnis« ihr Leben lang an.

Tess Clark, die Choreographin, die schon mit acht Jahren genau wußte, daß sie nicht Mutter werden wollte, war ein ziemliches »Papakind«. Nicht seine Frau, sondern vor allem er hatte sich Nachwuchs gewünscht. »Meine Mutter wollte nie Kinder. Wenn sie eine moderne Frau gewesen wäre, hätte sie versucht, durchzusetzen, daß sie ihr Leben allein mit ihm verbrachte«, sagte Tess zu mir. Seit ihrem fünften Lebensjahr war der kleine Rotschopf mit den entzückenden Grübchen die Nebenbuhlerin ihrer Mutter und der Star eines privaten »magischen Theaters«, das ihr Vater für sie geschaffen hatte – im Schaufenster seines Kinderbekleidungsgeschäftes in Memphis, Tennessee. »Er kam auf die Idee, mich quasi als Model vorzuführen«, erinnerte sich Tess. »Er staffierte mich mit verschiedenen Outfits aus, und ich machte Steptanz und unterhielt die Leute. Ich verbrachte dort Stunden mit Puppenspielen; es kamen dann immer Hunderte von Leuten und schauten mir zu. Ich war eine der Attraktionen des Geschäftsviertels von Memphis – und am Samstag brachten die Leute immer ihre Kinder mit. Einmal war sogar Präsident Truman da. Ich wurde so heiß verehrt wie eine Shirley-Temple-Puppe. Dieses Reich entwarf mein Vater für mich; und er war der Mittelpunkt meiner Welt. So habe ich begonnen, mich selbst als Star zu sehen.«

Tess mag für ihren Vater der Star gewesen sein, für ihre Mutter aber war sie eine erbitterte Rivalin. Ihre Mutter war eifersüchtig und fühlte sich von dieser wunderbaren Phantasiewelt ausgeschlossen. »Sie wollte den Mann, den sie liebte, mit niemandem teilen«, sagte Tess. »Als er starb, war ich elf, und sie war so verzweifelt über seinen Tod, daß sie zu nichts mehr fähig war.«

Nach dem Tod ihres Vaters suchte Tess bewußt nach kinderlosen Frauen, die für sie Vorbilder sein konnten, denn sie »wollte ein anderes Leben, als es die Frauen um mich herum führten«. Ihre frühe Entscheidung, keine Kinder zu bekommen, zeigt zum einen, wie stark sie ihre Mutter ablehnte, und zum anderen, daß sie genau die Art von Beziehung zu einem Mann haben wollte, die sie – wie ihre Mutter und sie selbst glaubten – zwischen ihrer Mutter und ihrem Vater durch ihre bloße Existenz verhindert hatte. Ohne Kinder konnte sie einen Mann wie ihren Vater ganz für sich allein haben. »Wer sagt denn, daß es ein Zeichen von Reife ist, wenn man nur Kinder bemuttern will und die exklusive Aufmerksamkeit eines Mannes nicht braucht?« fragte sie mich.

Auch Robin Green, die Sekretärin, die behauptete, Kinder hätten bei ihr und ihrem Mann bestimmt zur Scheidung geführt, war Vaters Liebling. Robins Vater war »ein kleiner Junge, der nie erwachsen wurde; er hatte das Peter-Pan-Syndrom. Meine Mutter und ich kämpften die ganze Zeit um seine Zuneigung, und ich bekam sie«, erzählte mir Robin, noch immer im Triumphgefühl dieser frühen Eroberung.

Vater-Tochter-Bindungen können etwas ganz besonderes sein, zärtlich und wunderbar, und ein gewisses Maß an Konkurrenz zwischen Töchtern und Müttern ist durchaus normal. Doch jeder Vater, der die enge Beziehung zu seiner Tochter ins Extrem treibt oder der offenkundig die Rivalität zwischen seinem Kind und seiner Frau fördert, kommt mit sich selbst nicht zurecht. Auch wenn Mutter und Tochter beide glauben, die Tochter hätte der Mutter die Zuneigung des Vaters abspenstig gemacht, muß es schon vor der Geburt der Tochter Konflikte in der Ehe der Eltern gegeben haben, wenn es zu einem derartigen Bruch kommen kann.

Einige meiner Interviewpartnerinnen sehen sich, so wie ich auch, als intellektuelle Erbin ihres Vaters oder sogar als seinen »Sohn-Ersatz«. Die Songschreiberin Marty Richardson sagte: »Ich habe all meine musikalischen und kreativen Fähigkeiten von meinem Vater. Meine Mutter hat mich nicht verstanden.« Der Vater der Filmemacherin Jackie Fast war ein künstlerisch begabter Zahnarzt, der gerne Künstler gewesen wäre und diesen Wunsch auf sie projizierte. Und Linda Krystal wurde zu ihrer Theaterkarriere von einer

Mutter ermutigt, die selbst eine solche aufgegeben hatte, aber es war ihr Vater, der Schauspieler, der ihr als Lehrer zur Seite stand, als sie sich darauf vorbereitete, das erste Mal vorzusprechen.

Sogar unter den Frauen, die ihre Mütter sehr bewunderten, identifizierten sich einige mehr mit ihren Vätern. Barbara Cowan, die Ihre konventionell lebende Mutter sehr schätzt, beschrieb sich – ohne es selbst zu bemerken – eher wie ihren individualistischen Vater. »Er war ganz anders als die anderen Männer in unserer Stadt. Er fiel auf«, erzählte sie mir stolz. Genau wie Barbara war er »ein starker Mensch, der viele unpopuläre Entscheidungen traf«.

Die Ursprungsfamilien der Frauen, die aus freien Stücken kinderlos bleiben, sind recht unterschiedlich. Obwohl hier der Prozentsatz an unglücklich verheirateten oder unzufriedenen Eltern ein klein wenig höher liegt als beim Durchschnitt, unterscheiden sich ihre Beziehungen zu Mutter und Vater größtenteils nicht von denen der Frauen mit Kindern. Was also bringt eine Frau zu dem Schluß, daß Mutterschaft sie nicht glücklich machen wird? Die Beziehung zu einer Mutter, die masochistisch, ablehnend, abhängig, innerlich distanziert oder überbehütend ist, kann sicherlich ihren Teil dazu beitragen. Ebenso die intuitive Erkenntnis der Tochter, daß Kinder das persönliche oder berufliche Leben ihrer Mutter negativ beeinflußt haben, selbst wenn die Mutter sich nie darüber beklagt.

Aber eine so grundlegende Entscheidung wie die, keine Kinder zu bekommen, ist viel mehr als die Reaktion einer Frau auf ihr persönliches Umfeld und nicht einfach nur der Wunsch, eine Wiederholung der negativen Erfahrungen der Mutter zu vermeiden. Unbewußt gibt sich die Tochter häufig die Verantwortung für das Schicksal ihrer Mutter. Würde sie dann selbst Mutter werden, müßte sie sich automatisch in noch höherem, für sie nicht erträglichem Maße mit der eigenen Mutter identifizieren. Ein eigenes Kind kann für sie die Reinkarnation der negativen Aspekte ihrer Mutter, die ihr im Gedächtnis haften, bedeuten. Mutterschaft würde dann aus zweierlei Sicht gerade das wiederholen, was diese Frau hinter sich lassen möchte.

Eine enge Bindung zum Vater, ihr Charakter, die Erfahrungen, die sie macht, und nicht zuletzt das Vorhandensein von kinderlosen Vorbildern erweitern den Horizont einer Frau, die nicht Mutter werden will, und ermöglichen ihr Perspektiven, die ihre Mutter wahrscheinlich niemals gehabt hatte. Sie wird sie selbst, indem sie andere Wege geht.

III.
Wir führen ein Leben ohne Kinder

Zu zweit ist man auch nicht ganz allein: Porträts kinderloser Ehen

Als Kind kannte ich zwei Frauen, die zwar verheiratet waren, aber keine Kinder hatten. Bezeichnenderweise kann ich gar nicht sicher sagen, ob sie diese Entscheidung bewußt getroffen haben oder nicht, obwohl die eine die ältere Schwester meiner Mutter und die andere eine gute Freundin von ihr war. Aber damals hätte man dieses Thema selbst unter engen Vertrauten nicht angesprochen; selbst heutzutage ist das ja immer noch eine heikle Angelegenheit. Auch einige der Lehrerinnen, die mich sehr beeinflußt haben, hatten keine Kinder, doch die gehörten für mich sowieso in die Kategorie »alte Jungfern«.

Viele der Frauen, mit denen ich sprach, so zum Beispiel Tess Clark und Eva Martinez, halten große Stücke auf ihre kinderlosen Verwandten und auf kinderlose Freunde und Bekannte, die ihnen immer mit Rat und Tat zur Seite standen. Meiner Erfahrung entspricht das nicht. Damals dachte ich nicht weiter darüber nach, aber mein Eindruck von den beiden kinderlosen Paaren, die ich als Kind am besten kannte, entsprach dem landläufigen Klischee, das sich (wie Soziologen bestätigen) seit den fünfziger Jahren nicht nennenswert geändert hat und das besagt: Kinderlose Frauen sind verdorrt und verschroben, sie können nicht fürsorglich sein, sie sind ichbezogen und unbefriedigt, verhätscheln ihre Schoßhunde als erbärmlichen Kinderersatz und überhaupt – ihr Leben ist im Innersten unerfüllt.

All dies paßte haargenau auf meine Tante Sally. Ich sah sie eigentlich nur bei ihren trostlosen Thanksgiving-Dinners, zu denen ich immer mitgehen mußte. Das Essen war gut, denn Kochen war eines ihrer Hobbys, aber es gab immer zu wenig, und ich war das einzige anwesende Kind. Sie war eine leidenschaftliche Gärtnerin mit Sinn für Ästhetik und leitete jahrelang den städtischen Gartenverein. Sie war wirklich »auf Draht« – bis weit über neunzig hielt sie sich über das Weltgeschehen auf dem laufenden, obwohl sie nie ihren High-School-Abschluß gemacht hatte. Sally war eine elegante Erscheinung mit flammend rotem Haar, aber immer mit sich selbst beschäftigt und übertrieben empfindlich. Ich habe sie und ihren Mann nie ausgelassen erlebt. Mein Onkel Ben, ein ungeselliger Arzt, der bereits dreißig Jahre bevor es im Mode kam homöopathisch behandelte, war genauso verknöchert wie sie. Die beiden schienen völlig abgeschlossen von der Welt zu leben und auch miteinander nicht sehr viel zu tun zu haben – ihre gesammelte Zuneigung galt einer Reihe von Scotchterriern, die alle »Angus« hießen. Alle Zimmer waren mit Erinnerungsstücken und Fotos dieser Hunde vollgestopft, und ihr Haus kam mir seltsam leblos vor. Das Essen und die Blumen, die offensichtlich die Freude meiner Tante waren, schienen in einer solchen Atmosphäre völlig fehl am Platz zu sein.

Im nachhinein betrachtet bin ich sicher, daß meine Tante sich in meiner Gegenwart nie so ganz wohl gefühlt hat und wahrscheinlich meine Mutter um ihr erfüllteres Leben beneidete. Trotz ihrer Begabungen konnte diese Frau kein Vorbild für mich sein.

Die andere kinderlose Frau, eine kanadische Freundin meiner Mutter namens Miriam, war mir etwas sympathischer. Sie war eine korrekte, perfekt frisierte Dame, die mit einem scharfen Verstand begabt war und Kühle und Zurückhaltung ausstrahlte. Durch die Art, wie sie sich gab, wirkte sie eine Generation älter als meine Mutter, obwohl beide im gleichen Alter waren. Ein Essen bei ihr war eine heikle Angelegenheit. Man mußte immer Angst haben, irgend etwas schmutzig zu machen oder zu laut zu reden. Miriam und ihr Mann, ein Physiker und Orchideenliebhaber, hatten intellektuell die gleiche Wellenlänge, auf sexueller Ebene schien sie jedoch nichts zu verbinden. Ich habe noch den Kontrast zwischen ihnen und den farbenprächtigen, fleischigen Blumen vor Augen, die er züchtete.

Diese beiden Frauen wurden von der Gesellschaft akzeptiert, hatten eigene Freunde und Interessen, wenn auch keinen Beruf. Und doch schien mir ihr Leben immer irgendwie anders und weniger erstrebenswert zu sein als das von Frauen mit Familie, wie turbulent es dort auch zugehen mochte. Sally und Miriam hatten etwas Steriles, Isoliertes, Unzugängliches an sich. Bei ihnen war es viel zu still. Etwas fehlte ihnen.

Die meisten Menschen denken, daß alle kinderlosen Ehen so sind. Das mag ja in früheren Generationen durchaus der Fall gewesen sein, als die Entscheidung, kinderlos zu bleiben, eine Seltenheit war, die damals gesellschaftlich noch weniger akzeptiert wurde als heute. Solche verknöcherten kinderlosen Ehen sind heute nicht mehr unbedingt die Norm, aber das Vorurteil, daß diese Ehen so seien, hält sich hartnäckig. Eine Untersuchung der Sozialpsychologin Sharon Houseknecht zum Image kinderloser Frauen von 1916 bis heute zeigt, daß sie damals als Außenseiterinnen betrachtet und mit den Attributen »infantil, maßlos, ichbezogen und materialistisch« bedacht wurden. In einer vor kurzem durchgeführten Meinungsumfrage hält die Mehrheit der Befragten Ehen ohne Kinder für weniger befriedigend als die mit Kindern.

Die Psychologen Pollyann Jamison, Louis Franzini und Robert Kaplan befragten eine Reihe von Personen, wie sie die seelische Gesundheit zweier Paare einschätzten, die in jeder Hinsicht identisch beschrieben wurden, mit dem einzigen Unterschied, daß das eine Paar sich für ein Leben ohne, das andere sich für ein Leben mit Kindern entschieden hatte. Dabei wurden die »Nichtmutter« und ihr Partner als weniger zufrieden wahrgenommen als die »Eltern«, und man prognostizierte ihnen auch, daß sie mit fünfundsechzig weniger glücklich sein würden. Das kinderlose Paar wurde als einsamer und emotional instabil beschrieben, außerdem als weniger sensibel und liebevoll als ihr Pendant mit Familie.

Bis vor kurzem wurden sowohl in der Psychologie als auch in den Religionen diese Annahmen vertreten. Nach der traditionellen Psychoanalyse von Sigmund Freud bis Erik Erikson ist die Elternschaft eine für die emotionale Reife unabdingbare Entwicklungsstufe. Das impliziert, daß diejenigen, die vor dieser Verantwortung »fliehen«, unreif sind und in ihrer Entwicklung stagnieren. Für die meisten Religionen sind Nachkommen der Sinn und Zweck einer Ehe. Einige Kirchen würden nie ein Brautpaar segnen, das erklärtermaßen ohne Kinder bleiben will.

Leben und Liebe der kinderlosen Frauen, mit denen ich sprach, strafen diese Klischees Lügen. Keine einzige meiner Interviewpartnerinnen – nicht einmal die Tiernärrinnen oder die, die schwere Krisen in der Partnerschaft überstanden haben – führten ein Leben, das auch nur im entferntesten an das der beiden Frauen aus meiner Kindheit erinnert, und sie ärgern sich über die Vorstellungen, die sich die Leute von ihnen machen. Sie berichten offen über Probleme mit ihren Lebensgefährten, und manchmal wird ihnen ihr Minderheitenstatus in der Gesellschaft schmerzlich bewußt; aber sie erklären einmütig, daß sie glücklich verheiratet sind. Diese Frauen sehen in der innigen Beziehung zwischen sich und ihrem Ehemann einen langgehegten Wunsch in Erfüllung gehen. Kinderlosigkeit ist dabei die Grundbedingung dafür, daß dies auch gelingen kann.

Die heutigen Ehen, in denen die Partner freiwillig ohne Kinder bleiben, weisen eine große Bandbreite an Lebensstilen auf. Diese reicht von Paaren, die es kaum ertragen können, längere Zeit voneinander getrennt zu sein, bis hin zu solchen, die sich nur selten sehen; von Leuten, die sich sehr wohl damit fühlen, »eine Seele in zwei Körpern zu sein«, bis zu solchen, die das Gefühl haben, eigentlich in zwei völlig verschiedenen Welten zu leben. Einige lehnen die traditionellen Geschlechterrollen ab oder verkehren sie in ihr Gegenteil. Der Studie der Sozialpsychologin Sharon Houseknecht von 1979 zufolge ist die Frau in einer kinderlosen Ehe fast immer berufstätig und verdient häufig mehr als ihr Mann. Der wiederum beteiligt sich mehr an der Haushaltsarbeit als seine Geschlechtsgenossen mit Familie. Viele waren mehr als einmal verheiratet, und die Frauen sind bei der ersten Eheschließung älter als der Durchschnitt. Diese Beziehungen sind häufig recht unkonventionell. Manche Frauen heiraten Männer aus einer anderen sozialen Schicht, und große Altersunterschiede zwischen den Eheleuten sind keine Seltenheit. Viele Paare heiraten erst, nachdem sie jahrelang unverheiratet zusammengelebt haben. Und im Gegensatz zur landläufigen Meinung *halten* diese Ehen auch meistens.

Viele dieser Charakteristika finden sich häufig auch bei Paaren mit Kindern. Doch die kinderlosen Paare haben sich entschlossen, ihr Privatleben ausschließlich aufeinander zu konzentrieren, und sind deswegen eine Beziehung eingegangen, die die besondere Verbindung von Unabhängigkeit und Aufeinanderbezogensein, die ihnen so wichtig ist, ermöglicht.

Die Ehen von Nancy Sherman, Linda Krystal, Jane Michaelis, Tammy Lyons und Joyce Rogers haben trotz aller Verschiedenheit einen gemeinsamen Nenner: Diese fünf Frauen sind alle davon überzeugt, daß ein Kind es ihnen unmöglich machen würde, die Beziehung, die sie mit ihrem Lebensgefährten verbindet, in der bestehenden Form weiterzuführen.

Die muntere, extrovertierte Nancy Sherman ist für ihre Rolle als Wirtin wie geschaffen. Das reizvoll gelegene viktorianische Gasthaus außerhalb von Medocino, Kalifornien, das sie betreibt, wurde um 1880 von der Familie ihres Mannes gebaut, liebevoll erhalten und mittlerweile restauriert. Nancys gewinnendes Lächeln und ihre aufmerksame Art geben ihren Gästen das Gefühl, immer willkommen zu sein. Sie wären sicherlich überrascht zu erfahren, daß die Frau mit den blonden Locken und der natürlichen Art eine ausgezeichnete Geschäftsfrau ist und während ihres Soziologiestudiums mehrere Aufsätze über Frauen und Armut veröffentlicht hat. Nun ist sie einundvierzig und seit achtzehn Jahren mit dem zehn Jahre älteren Bruce verheiratet, der dieses wunderbare Haus geerbt hat. Nancy und Bruce sind Partner in sämtlichen Lebensbereichen.

Sie lernten sich als studentische Aktivisten in Berkeley zu dessen wildesten Zeiten kennen. Er war Dozent für amerikanische Geschichte, und sie promovierte gerade. Nach ihrem Abschluß bekam sie eine Assistentenstelle an einem anderen College in der Nähe. Als Bruce' Eltern sich zur Ruhe setzten, verließen er und Nancy die universitäre Gemeinschaft, in der sie jahrelang gelebt und gearbeitet hatten, zogen aufs Land und übernahmen den Familienbetrieb voller Spannung und Erwartung.

Nancy wuchs am Stadtrand von Sacramento auf. Ihre Eltern hatten nicht viel gemeinsam, blieben aber der Kinder wegen zusammen. Ihre Mutter war frustriert und fühlte sich als Hausfrau eingesperrt, und ihr autoritärer, arbeitswütiger

Vater arbeitete ohne viel Erfolg als Zimmermann und Mechaniker. Entweder stritten sie oder jeder ging seiner Wege; Austausch im eigentlichen Sinne gab es in dieser Ehe kaum. Für Nancy war es nicht einfach, ihre vielversprechende akademische Karriere aufzugeben, um die »Frau des Chefs« zu werden. Immerhin opferte sie damit bis zu einem gewissen Grad ihre Privatsphäre und wurde mit ihrer ganzen Identität ein Teil von Bruce' Familie. Doch akzeptierte sie ihre neue Stellung, weil ihr das Leben mit Bruce so vieles bot, was in der Beziehung ihrer Eltern gefehlt hatte – finanzielle und emotionale Stabilität, soziales Bewußtsein und eine gemeinsame Naturverbundenheit.

Es war sehr wichtig für Nancy, daß Bruce genau wie sie keine eigene Familie wollte, und sich statt dessen lieber auf ihre Beziehung und auf das geliebte Gasthaus konzentrierte, das zum Zentrum ihres gemeinsamen Lebens geworden war.

Nancys zierliche Gestalt, ihre Liebenswürdigkeit und ihre leise Art zu sprechen täuschen darüber hinweg, wie fest sie zu ihrer wohlüberlegten Entscheidung steht. »Bruce sagte mir vor der Hochzeit, daß er keine Kinder wolle, und damit sprach er auch meine Bedürfnisse aus. Wir wünschten uns beide die volle Aufmerksamkeit und Liebe eines anderen Erwachsenen. Ich hatte eine Zwillingsschwester und somit nie die Chance, allein im Mittelpunkt zu stehen. Sie bekam alle Aufmerksamkeit, weil sie immer in irgendwelchen Schwierigkeiten war, und ich war die Brave. Und Bruce wuchs im Gasthaus auf und mußte seine Eltern immer mit einem Dutzend fremder Leute teilen.« Beide sehnten sich danach, in der Ehe für all diese Entbehrungen entschädigt zu werden.

Nancy und Bruce investieren unglaublich viel Energie in ihre Ehe. Sie verbringen den ganzen Tag und einen Gutteil des Abends Seite an Seite im Geschäft, haben aber eine klare

Arbeitsteilung: Bruce, der nicht so gerne redet, kümmert sich um die Finanzen und alles Organisatorische, während die extrovertierte Nancy direkt mit den Gästen zu tun hat. Er engagiert sich in seiner Freizeit in Umweltschutzgruppen; Nancy, die sich seit ihrer College-Zeit intensiv mit Spiritualität beschäftigt, meditiert täglich und zieht sich in regelmäßigen Abständen in ein Zen-Kloster zurück.

»Meine Beziehung zu Bruce ist etwas ganz Besonderes und Intensives. Sie bedeutet mir sehr viel«, sagte Nancy. »Ich möchte unser Verhältnis nicht verändern. Mit Kindern wäre unsere Beziehung so nicht möglich. Wir sind enge Freunde, wir sind albern zusammen, und wir brauchen Zeit für uns.« Jeder ist für den anderen Eltern und Kind zugleich und versucht, ihm das zu geben, was er in seiner Kindheit vermißte.

Wenn Bruce und Nancy sich auch ziemlich sicher waren, daß sie keine Kinder wollten, war es ihnen doch wichtig, sich ihrer Entscheidung absolut sicher zu sein. Eine Partnerberatung sollte ihnen helfen, sich über ihre Gefühle klarzuwerden. »Wir listeten jeder für sich die Gründe auf, die für ein Kind sprechen könnten; dann schrieb jeder auf, was er sich zu den einzelnen Gründen des anderen dachte«, erzählte Nancy. »Auf diese Weise wurde uns wirklich bewußt, was wir alles auf ein Kind projizieren. Ich erkannte, daß ich mir unter anderem deswegen ein Kind wünschte, weil ich Angst habe, im Alter allein zu sein, und das ist wohl kein ausreichender Grund, ein Kind zu bekommen.« Die Einsichten, die sie durch ihre Therapie gewannen, gaben ihnen die Gewißheit, die sie brauchten. »Selbst wenn wir es vielleicht in zwanzig Jahren bedauern sollten, wir wissen jetzt, daß wir diese Entscheidung bewußt und wohlüberlegt getroffen haben.«

Als sie das Lokal übernahmen, zogen sie in das alte Holzhaus auf demselben Grundstück, in dem Bruce und sein

Bruder aufgewachsen waren. Sie brauchten eine Weile, bis sie sich daran gewöhnt hatten, im Schlafzimmer seiner Eltern zu schlafen, denn sie übernahmen ja gewissermaßen deren Rolle, ohne selbst Eltern zu sein. Doch auch ohne Kinder wirkt ihr Haus nicht leer. Nancy und Bruce haben beide ihr eigenes Zimmer – seine hellbraun gestrichene Bude ist vollgestopft mit Geschichtsbüchern und seiner Stereoanlage; ihr hellblauer Zufluchtsort mit den japanischen Kalligraphien an der Wand ist ihre Meditationsstätte. Und obwohl sich beide mit ihrer Entscheidung, keine Kinder zu wollen, ganz wohl fühlen, sprechen sie doch jedes Jahr von neuem darüber, um sicherzugehen, daß in diesem Punkt noch Einigkeit besteht. Es ist für sie außerdem beruhigend zu wissen, daß sie Verwandte haben, die das Lokal später einmal übernehmen können.

Auch Nancys Zwillingsschwester wollte eigentlich nie Mutter werden. Nancy war überrascht und anfänglich gekränkt, als ihre Schwester vor einigen Jahren doch ein Kind bekam. Sie war eine so begeisterte Mutter, daß Nancy fürchtete, sie würde bestimmt meinen, in Nancys Leben fehle etwas Wesentliches. Aber ihre Schwester beruhigte sie mit den klugen Worten: »Du würdest mir nicht deshalb leid tun, weil du keine Kinder hast, sondern wenn dein Leben ohne Liebe wäre.«

Viele kinderlose Paare vermeiden bewußt den häufigen Kontakt zu Familien mit Kindern, weil sie sich in Gesellschaft von Kindern unbehaglich fühlen, aber Nancy kommt in ihrer Position täglich mit Menschen zusammen, die ein ganz anderes Leben führen als sie. Und obwohl sie mit ihrer Wahl zufrieden ist, fühlt sie doch den Unterschied zwischen ihrer Welt und der der anderen. Wie geht sie mit der unvermeidlichen Frage ihrer Gäste nach ihrer eigenen Familie um? »Sie nehmen immer an, daß wir Kinder haben, und das kann schon etwas peinlich sein«, sagte sie lachend. »Ich witzle dann immer, daß das Lokal unser Kind ist – wir reden dauernd darüber, es hält uns nachts wach, und jedem, den wir treffen, zeigen wir Fotos davon – nur Windeln wechseln müssen wir nicht.« Das Entscheidende ist – so läßt sie die Leute zu ihrer Verteidigung, aber auch mit Stolz wissen –, daß sie nicht nur ein »Kind« hat, sondern eines, das genau auf ihre eigenen Bedürfnisse zugeschnitten ist.

Wie Nancy erzählte mir eine ganze Reihe von Frauen, daß ihre Männer für sie Seelenverwandte seien, ihre »besten Freunde«, sogar ihre »Zwillingsbrüder«. Diese Paare sind stolz aufeinander und empfinden ihre Beziehung als etwas Besonderes. »Ich bin glücklich, daß er so ein wunderbarer Mensch ist und wir so gut zusammenpassen«, und »wir nehmen einander das Wort aus dem Mund«, sagen sie. Paare wie diese verbringen gerne ihre Freizeit miteinander und teilen viele Interessen.

Ihr Zusammenhalt beruht oftmals auf einer schmerzlichen Vergangenheit. Viele dieser Frauen haben sich ihr ganzes Leben lang als Außenseiterinnen gefühlt, und wenn sie schließlich jemanden finden, der zu ihnen paßt, gehen sie diese Beziehung mit einem Gefühl der Dankbarkeit und auch der Erleichterung ein.

Häufig ziehen sich bei kinderlosen Paaren auch Gegensätze an, und die Partner erleben ihre Verschiedenheit als anregend. Bei diesen Paaren, bei denen beide Partner berufstätig sind, übernimmt vielfach die Frau eine Rolle, die nicht als typisch »weiblich« angesehen wird.

Wenn sich eine Frau deswegen gegen eine eigene Familie entscheidet, weil sie ihre Energie hauptsächlich ihrem Beruf widmen möchte, braucht sie einen Partner, der ihre Bemühungen unterstützt und seinen Lebensstil dem ihren anpaßt. Für ihn darf es nicht wichtig sein, jeden Abend das Essen auf dem Tisch vorzufinden – und er sollte möglichst auch ganze Abende während der Woche ohne sie auskommen.

Linda Krystal, die klassisch schöne blonde Schauspielerin, fand mit fünfunddreißig in Kevin einen solchen Partner. Bis dahin waren ihre Prioritäten das Studium und ihre Theaterkarriere, und sie war darin so erfolgreich, daß sie für ihre Rollen in Ibsen- und Tschechow-Dramen für den Emmy nominiert wurde. Auf ihren ersten Monolog, der ihr als Debüt eine begehrte Rolle in einem Tennessee-Williams-Stück einbrachte, wurde sie von ihrem Vater, einem beeindruckenden und erfolgreichen Schauspieler, vorbereitet. Obwohl sie ihn sehr bewunderte und auch ihre Mutter sehr liebte, war eine Ehe wie die ihrer Eltern das letzte, was sie wollte. Sie arbeitete hart daran, nicht in die Fußstapfen ihrer Mutter zu treten. »Seit meiner Kindheit habe ich miterlebt, wie meine Mutter mehrmals an Krebs erkrankt ist. Ich verband ihre Krankheit damit, daß sie ihre Bedürfnisse immer zurückstellte, und fürchtete, ich würde genauso krank werden, wenn ich mich unterordnete«, erklärte Linda. Die traditionelle weibliche Rolle wurde ihr zunehmend verhaßt.

Linda hatte bereits einige Liebesbeziehungen mit Schauspielerkollegen, meist waren sie Hauptdarsteller, hinter sich, aber keine hatte gehalten. Niemand genügte ihren Ansprüchen, bis sie Kevin kennenlernte. Er saß neben ihr in Red-Eye, der Nachtfluglinie von Los Angeles an die Ostküste, wo sie ihren ersten Pilotfilm zu einer TV-Serie gedreht hatte. Allein durch die Art, wie der kräftige Mann mit den strahlenden Augen das Gespräch eröffnete, wußte sie, daß er der Richtige für sie war: »Ich bin Journalist und berichte für den ›Esquire‹ über ein Transvestitentreffen. Können Sie sich vorstellen, wie schwierig es für einen Mann ist, Pumps in Schuhgröße fünfundvierzig zu finden?« Hier hatte sie ihr Pendant gefunden.

Sie stellten schnell fest, daß Kevin nicht nach einer konventionellen Frau suchte. Mit einer solchen war er in jungen Jahren schon einmal unglücklich verheiratet gewesen. Er hatte zwei erwachsene Kinder. Dieser vierzigjährige Autor, der sich für ausgefallene Themen interessierte, bot Linda die nötige Kombination von Unterstützung und Freiheit, gewürzt mit einer Prise Humor. Sie war überzeugt davon, daß Kinder dies alles zunichte gemacht hätten: »Nach seiner Meinung würde ein Kind das Ende unserer Beziehung bedeuten, weil ich Hausarbeit hasse und er es haßt, sich daran zu beteiligen. Mir war klar, daß eine Frau sich bei ihm dann um alles würde kümmern müssen.«

Man kann Linda da beim Wort nehmen. Sie ist zwar eine höchst aufmerksame Gastgeberin, und die Dinner Partys im Hause der Krystals sind immer sehr lebendig, aber das Essen lassen sie vom Chinesen liefern. Sie und Kevin verbringen ganze Monate an der entgegengesetzten Küste. Ihre Telefonrechnungen sind astronomisch, und sie treffen sich gelegentlich am Wochenende. Als ihr Vater letztes Jahr im Sterben lag, zog sie für sechs Monate nach Florida, um sich um ihn zu kümmern. Und selbst, wenn sie und Kevin dann für eine Weile gemeinsam in Los Angeles in ihr wohnliches Heim voller Bücher und Hunde zurückkehren, haben sie ihrem unterschiedlichen Temperament entsprechend eine genau entgegengesetzte Zeiteinteilung: Er schreibt von Mitternacht bis acht Uhr morgens, und wenn er nicht arbeitet, trifft er sich mit Freunden und Bekannten, sie steht früh auf und bleibt gerne zu Hause.

Trotz dieser vielen Unterschiede teilen Linda und Kevin miteinander, was ihnen im Leben das Wichtigste ist. Beide wurden Quäker (seine Eltern waren nicht praktizierende Katholiken, ihre Eltern überzeugte Mitglieder der Episkopalkirche). Und das Theater hat für beide eine fundamentale Bedeutung. Jede Rolle, die sie spielt, und jeder Roman, den er schreibt, wird vom anderen kritisch begutachtet. Da es wenig Hauptrollen für reifere Frauen gibt, hat er in den letzten Jahren auch Drehbücher für sie geschrieben.

Trotz seines Charmes, seines Witzes und seiner Liebe für sie ist es nicht einfach für Linda, mit Kevin zusammenzuleben. Wenn er mit Schreibblockaden kämpft, kann das übermenschliche Züge annehmen. Seine Manie, jedes Wort in die Schreibmaschine zu hämmern (ein Computer würde ihm die Arbeit erleichtern) hat eine hartnäckige Sehnenscheidenentzündung hervorgerufen, und seine unbegründeten Anfälle von Selbstzweifel können bis in den späten Morgen hinein andauern. Es gab Zeiten, da hatte sie keine Arbeit, und seine Werke wurden verrissen, Zeiten, in denen sie sich durch die räumliche Trennung einsam fühlten und sich dann gegenseitig verletzten, kaum daß sie sich wiedersahen. Er kann so unverschämt und taktlos sein wie sie verschlossen und schweigsam. Doch das, was sie im Innersten verbindet, hat sie alle Krisen überstehen lassen.

Andere kinderlose Paare tauschen tatsächlich die Rollen: Die Frau übernimmt den Part der Hauptverdienerin, und der Mann macht die Hausarbeit. Solch ungewöhnliche Übereinkünfte finden sich bei kinderlosen Paaren weitaus häufiger als bei anderen, da sie sich mit den traditionellen Geschlechterrollen weniger identifizieren und sich wohler fühlen, wenn sie ihre Arbeitsaufteilung selbst bestimmen können.

Max und Jane Michaelis haben im Laufe ihrer dreizehn Jahre dauernden Beziehung ihre Rollen getauscht. Max, up to date und klug, übte große Anziehung auf die hochgewachsene Dreißigjährige mit den kastanienbraunen Haaren aus. Sie lernten sich im Sommer 1980 beim *folkdance* im Central Park kennen. »Das einzige, was wir noch klären müssen, ist, was wir zum Frühstück essen wollen«, flüsterte er ihr nach dem ersten Tanz ins Ohr. Sie machte *modern dance* und verdiente ihren Lebensunterhalt als Aerobic-Lehrerin in einem Fitneßclub, er war freischaffender Künstler. Seine Arbeiten waren originell und verrieten Talent, brachten jedoch nur begrenzten finanziellen Erfolg, da er Kunden aus dem »Establishment« ablehnte. Finanzielle Probleme kamen noch zu seiner Bindungsangst dazu (Max brauchte ein Jahr, bis er Jane endlich seinen Freunden vorstellte). Jane hatte schon alle Hoffnung aufgegeben, daß mit ihm eine dauerhafte Beziehung möglich war. »Ich hätte einfach im Lotto gewinnen müssen«, sagte sie – und das tat sie dann auch. Es waren nur fünfundzwanzigtausend Dollar, aber das genügte ihnen als Startkapital. Bei einem Rockkonzert, einem Fünfziger-Jahre-Revival, machte ihr der zynische, eingefleischte Junggeselle – mittlerweile in den Vierzigern – zu den Klängen von ›Earth Angel‹ einen Heiratsantrag.

Jane wurde es müde, sich als Künstlerin durchkämpfen zu müssen. Der unverhoffte Gewinn veränderte die Perspektiven der beiden drastisch und beflügelte ihre Hoffnungen auf neue Lebensziele. Jane entschloß sich, Medizin zu studieren, was immer schon ihr Wunsch gewesen war. Das bedeutete noch weitere Jahre der Einschränkung, aber Max unterstützte sie aus ganzem Herzen. Er fand es nicht bedrohlich, eine Frau mit dem Dr. med. zu haben, obwohl er selbst nicht aufs College gegangen war, und war ganz zufrieden damit, ihr Teilzeit-Hausmann zu sein. (Er ist ein Ordnungsfanatiker, sie das genaue Gegenteil.) Max kocht und baut Einbaumöbel. Er stellte dennoch zwei Bedingungen: Beide behalten ihre Wohnung jeweils am entgegengesetzten Ende der Stadt (fünf Jahre hielt er noch an dieser symbolischen Unabhängigkeit fest), und sie haben keine Kinder. Diese Art von Verantwortung zu übernehmen war für ihn undenkbar. Er hielt es für schwierig genug, die Bindung zu einem anderen Erwachsenen einzugehen.

Ihre Ehe war ganz in seinem Sinn, und das tat Max gut. Er vertraute Jane allmählich auf eine Art, wie er es selbst niemals für möglich gehalten hätte, und er wurde zusehends reifer. Er hörte auf zu rauchen, trank weniger, fing an, Kung-

Fu zu machen und wurde zur Überraschung seiner Freunde ein anschmiegsamer, treuer Mensch.

Max war kompromißlos gegen eigene Kinder, aber Jane hätte, wie viele der Frauen, mit denen ich gesprochen habe, sehr wohl auch den anderen Weg gehen können – und wäre möglicherweise mit einem anderen Mann Mutter geworden. Sie sieht sich durch Max' kategorische Weigerung, Vater zu werden, von der Verantwortung befreit, sich selbst aktiver mit diesem Konflikt auseinanderzusetzen. Indem sie ihn heiratete, hat sie sich de facto entschieden. Ihre Arbeit als Kinderpsychiaterin entschädigt sie für das Gefühl, daß ihr etwas fehlen könnte; durch ihre kleinen Patienten hat sie genügend engen, dauerhaften Kontakt zu Kindern.

Frauen, die sich zur Kinderlosigkeit entscheiden, gestalten ihr Leben oft völlig anders als das ihrer Mütter. Genau wie Linda ist auch Jane überzeugt, daß ihre Mutter sich insgeheim eine Ehe und ein Leben, wie sie es führt, ersehnte; es hätte ihr sicherlich mehr Befriedigung gegeben. »Meine Mutter war eine begabte, ehrgeizige Verwalterin – sie, und nicht mein Vater, hätte besser Vollzeit gearbeitet. Ich lebe das Leben, das sie auch gelebt hätte, wenn sie nur gekonnt hätte.« Durch ihre Entscheidung gegen ein Kind hofft Linda, dieses Gefühl der Frustration zu vermeiden.

Der Rollentausch in ihrer Ehe hat für Jane und für Max jedoch auch Schattenseiten. Manchmal fühlt er sich ihr doch unterlegen und ist deprimiert, obwohl er immer stolz von ihr als »meine Frau Doktor« spricht. Ihr ist egal, daß sie das höhere Einkommen hat, sie würde sich aber wünschen, daß seine Arbeit ihn mehr befriedigte. Erfreulicherweise wirft ihre Praxis endlich mehr Geld ab, so daß sie sich nun nach einem geräumigeren Zuhause mit einem Atelier für ihn umsehen können.

Max und seine Frau haben die Rollen getauscht, was das Finanzielle betrifft, auf jedem anderen Gebiet ist Max aber durch und durch männlich. Wenn der Mann mit dem zer-furchten Gesicht nicht Arbeitshemd und Jeans trägt (er prahlt gerne damit, daß er das letzte Mal vor siebenunddrei-ßig Jahren einen Anzug trug – bei seiner Bar Mizwa, dann zieht er seine blaue Uniform und eine kugelsichere Weste an und macht als Bereitschaftspolizist seine allwöchentliche Runde. Jane hat ihre Karriere in die Hand genommen, aber wie so manche Frau in einer konventionelleren Ehe mußte auch sie lernen, ihre Interessen durchzusetzen. Max setzt sich nämlich gerne durch, wenn es darum geht, was sie un-ternehmen und wo sie zusammen hingehen. Sie ist froh, endlich soweit zu sein, sich auf Reisen seiner Vorliebe für windige Unterkünfte zu widersetzen und auf ein klein wenig Komfort zu bestehen. Jetzt sind die härtesten Zeiten ihrer medizinischen Ausbildung vorbei, und sie kämpft darum, wieder Zeit zum Tanzen zu finden.

Max heiratete Jane nur unter der Bedingung, daß sie keine Kinder bekämen, doch wird kinderlosen Paaren vielfach eingeredet, daß Kinder einfach essentiell für eine Ehe seien. Die Familie und Freunde von Les und Tammy Lyons be-mühten sich nach Kräften, sie davon zu überzeugen, daß es wirklich ihr Karma sei, zusammen Kinder zu haben, obwohl ihre Ehe doch gerade ohne sie gut gediehen war.

Diese Indoktrination begann schon, als sie sich kennen-lernten. »Das ist Les, der Mann, der der Vater deiner Kinder sein wird«, sagte mit wissender Miene die Freundin, die sie einander vorstellte. Das führte natürlich dazu, daß Tammy ihm den ganzen Abend aus dem Weg ging, bis er sie direkt ansprach; und zu ihrer Überraschung entdeckte sie, daß ihre Freundin sogar recht haben könnte.

Tammy, die es abgelehnt hatte, für ihre Freundin Joan ein Baby zu bekommen, lernte Les unglücklicherweise kurz nach diesem schmerzvollen Vorfall kennen. Er war siebenunddreißig und der Talkmaster einer populären Show eines Lokalsenders in San Francisco.

Les erwies sich für die Fünfundzwanzigjährige als der einzige Mann, dem sie wirklich vertrauen konnte. Weder empfand er ihre Arbeit als Bedrohung, noch war er eifersüchtig auf ihr Engagement, ja, er verliebte sich geradezu darin. Les hatte selbst davon geträumt, Maler zu werden, und erkannte, daß sie mehr Talent hatte als er. Er gab ihr das Gefühl, sexy zu sein, und er war sogar bereit abzuspülen. All dies ließ Tammys verbliebene Vorbehalte gegen eine Ehe dahinschmelzen, doch die Zweifel, ob sie Mutter werden sollte, blieben.

Zu ihrem Befremden eskalierte die »Baby-Kampagne«, die schon bei ihrer ersten Begegnung begonnen hatte, als sie sich entschlossen, zu heiraten. Ohne daß sie ihn gefragt hätte, gab Tammys Gynäkologe zu bedenken, daß eine Schwangerschaft sich gut auf ihren gestörten Hormonhaushalt auswirken würde. Da Les' Bruder Junggeselle war und seine Schwester sich vor Jahren hatte sterilisieren lassen, erinnerte ihn seine Familie unentwegt daran, daß er der einzige war, von dem noch Enkelkinder zu erwarten waren. Les' Mutter rief am Tag nach der Hochzeit an, um Tammy das Versprechen abzuringen, das Kind – das sie, wie die Mutter annahm, als Katholikin natürlich bekommen würde – nicht selbst aufzuziehen. Als Tammy sich nach langen Gesprächen mit Les dazu entschlossen hatte, in absehbarer Zukunft kein Kind zu bekommen, kam bei einer Fete eine Freundin auf sie zu und sagte: »Wie kannst du nur seine Gene vergeuden?« – offensichtlich fand sie Tammys nicht weiter erwähnenswert. »Nach dieser Bemerkung hatte ich das Gefühl, daß es keine Solidarität unter Frauen gibt«, berichtete Tammy, die immer noch kaum glauben kann, wie anmaßend ihre Freundin war.

Der Druck, mit Les ein Kind bekommen zu müssen, kam

nicht nur von außen, sondern auch von innen. Les war der einzige Mann, bei dem sie ein gemeinsames Kind überhaupt in Betracht gezogen hätte. »Meine Zweifel habe ich nur in Hinblick auf ihn. Les würde mich niemals dazu drängen, etwas zu tun, was ich nicht will. Er ist viel lockerer und vertrauensvoller als ich.« Enthielt sie dem Mann, den sie liebte, etwas vor, was ihn glücklich gemacht hätte? Er wäre bestimmt ein guter Vater gewesen. War es ein Zeichen von Selbstsucht (die schlimmste Sünde, die sie sich als kleines Mädchen vorstellen konnte), daß sie ihn für sich allein wollte? »Ich muß ihn schon mit seinem Fernsehpublikum und seiner Familie teilen«, erklärte sie. »Ich kann mir schlecht vorstellen, das auch noch mit einem Gast tun zu müssen, der zwanzig Jahre bleibt.« Für Les dagegen wäre es schön gewesen, ein Kind zu haben, wenn Tammy sich dabei nur wohl gefühlt hätte; aber er akzeptierte ihre Selbstzweifel und überließ ihr die Entscheidung.

Tammy hat ein ungutes Gefühl dabei, die ausschließliche Aufmerksamkeit eines anderen für sich zu beanspruchen oder die Erwartungen anderer zu enttäuschen. Sie fühlt sich schnell unwohl, wenn sie ihre eigenen Bedürfnisse an erste Stelle setzt. So haben sie sogar nach zehn Jahren Ehe mit dem Thema »Kind« noch nicht endgültig abgeschlossen, und »spielen manchmal füreinander den Advocatus Diaboli«. Doch endet die Diskussion um das Für und Wider immer damit, daß der Status quo beibehalten wird.

Mittlerweile schätzen sie das Leben sehr, das sie miteinander aufgebaut haben. Sie sind beide ganz von ihrer Arbeit in Anspruch genommen, und jeder interessiert sich für das, was der andere macht. Tammy hat ihr Atelier in ihrer Wohnung in Chinatown. Les kennt jeden Küchenchef in der Nachbarschaft, und deshalb hängen Tammys Werke dort in den schickeren Restaurants. Vor ein paar Jahren war beim chinesischen Neujahrsfest durch einen verirrten Feuerwerkskörper in ihrem Haus ein Feuer ausgebrochen, das alle ihre Bilder und die meisten Bücher und Kleidungsstücke zerstörte. Sie wohnten sechs Monate bei Freunden und lebten aus Koffern, aber das brachte sie einander nur noch näher. Doch keine langfristige Beziehung ist gegen Probleme gefeit. Eines liegt bei ihnen darin, daß Tammy, die sich immer schon leichter durch ihre Bilder als durch Worte mitteilen konnte, darum kämpfen muß, von Les gehört zu werden, der in seiner redegewandten, von sich selbst überzeugten Art gerne selbst im Mittelpunkt der Aufmerksamkeit steht.

Es war nicht sehr schwierig für Les und Tammy, sich dem Druck, Kinder bekommen zu müssen, zu entziehen, da dieser überwiegend von außen kam. Wenn er allerdings aus der Beziehung selbst kommt, kann es wirklich kompliziert werden. Denn was tut ein Paar, wenn die Frau definitiv keine Kinder will, der Mann aber schon?

In dieser mißlichen Lage sah sich unerwarteterweise Joyce Rogers nach zehnjähriger Ehe mit ihrem zweiten Mann Robert. Ihren ersten Mann hatte sie schon auf dem College kennengelernt und gleich nach der Abschlußprüfung geheiratet, und die beiden verbrachten ihr erstes Ehejahr damit, im Land herumzureisen und ihren Lebensunterhalt mit Gelegenheitsjobs zu finanzieren.

Als sie sich in Boston niederließen, so erzählte sie mir, fing er an, dauernd von Kindern zu reden. Joyce war eine von jenen Frauen, die sich von ihren eigenen Eltern distanziert und sich nie wirklich weiblich gefühlt hatte. Sie war sich immer ganz sicher gewesen, daß sie keine Kinder wollte. Niemals hatte sie sich nach einem Kind gesehnt, was ihrer Meinung nach unabdingbar war, wenn man eine Familie gründen wollte. Zudem war sie überzeugt, als Mutter automatisch genauso pflichtbewußt und reizbar zu werden, wie ihre eigene es gewesen war, und so ließ sie sich von ihrem Mann scheiden. Er konnte sich schließlich seinen Kinderwunsch mit seiner zweiten Frau erfüllen. Joyce arbeitete nach der Scheidung als Zeitungsredakteurin bei einem politischen Magazin und begann, Romane zu schreiben. Das Single-Leben als Autorin war ganz nach ihrem Geschmack.

Nach einer Reihe von kurzlebigen Affären verliebte sich diese herbe und nicht leicht zugängliche Frau fünfzehn Jahre später ernsthaft in Bob, einen Versicherungsangestellten, der direkt neben ihr wohnte. Er hatte sich innerlich von seiner Frau zurückgezogen, die er als hysterisch und unreif empfand. Joyce' zurückhaltende Art und ihre Unabhängigkeit zogen ihn an, und sie fand es attraktiv, daß er so ausgelassen sein konnte. Es gefiel ihr, daß er ein erfolgreicher Geschäftsmann war, der guten, alten Jazz liebte, wunderbar Trompete spielte und literarisch interessiert war. Bob fand in Joyce die ebenbürtige Partnerin und Gefährtin, die er, wie er erkannt hatte, brauchte; sie war ein erfrischender Gegensatz zu seiner Frau, die seine uneingeschränkte Aufmerksamkeit gefordert hatte. Auf Bobs Anraten suchte sich Joyce einen Agenten für ihre Romane, und durch ihn lernte sie, sich mehr Spaß im Leben zu gönnen. Sie mochte seine Freunde, seine Vorlieben, und sie schätzte es, daß er ihr die nötige Zeit zum Lesen und Schreiben zugestand.

Er ließ sich von seiner Frau scheiden und heiratete Joyce noch innerhalb des nächsten Jahres.

Joyce war jetzt vierzig und kam schon in die Wechseljahre; sie machte Bob klar, daß Kinder für sie nicht in Frage kamen. Obwohl Bob gerne eine Familie gehabt hätte, bedeutete es ihm letztendlich mehr, die richtige Frau gefunden zu haben, mit der er sein Leben teilen konnte. Er achtete Joyce' Aufrichtigkeit und akzeptierte ihre Gefühle; und er wußte, daß sie als Mutter nicht glücklich wäre. Zu dieser Zeit schien das alles auf einer abstrakten Ebene für beide der richtige Weg zu sein und auf Gegenseitigkeit zu beruhen. Zehn Jahre lebten sie zufrieden zusammen, sie war nun hauptberuflich Romanautorin und arbeitete zu Hause, während er den Lebensunterhalt verdiente.

Dann starb Bobs Vater nach einer schweren Herzkrankheit. Vater und Sohn hatten sich seit Jahren voneinander entfremdet und versöhnten sich erst in den Monaten kurz vor seinem Tod. Bob trauerte um ihn und merkte plötzlich, daß er sich nach einem Kind sehnte – am liebsten hätte er einen Sohn gehabt. Er hatte die familiären Bande zu seiner Vergangenheit wiederhergestellt, und nun war es wichtig für ihn, sie auch in die Zukunft reichen zu lassen. Der Wunsch, Vater zu werden, den er zehn Jahre zuvor problemlos hatte aufgeben können, war nun eine unbedingte Notwendigkeit für ihn. Er bat die inzwischen nun fast fünfzigjährige Joyce inständig, doch über eine Adoption nachzudenken.

Obwohl Joyce Bob verstehen konnte, wußte sie doch, daß es ihr emotional einfach nicht möglich war, die Mutterrolle zu übernehmen. »Er wollte unbedingt ein Kind, aber er arbeitet von sechs Uhr morgens bis zehn Uhr abends«, sagte sie. »Ich sagte ihm, daß ich ja dann quasi eine alleinerziehende Mutter wäre, und fragte, ob er wirklich von mir erwartete, daß ich hinter einem Vierjährigen herrannte? Ich sagte ihm: ›Wenn dieses Bedürfnis so stark für dich ist, sollten wir uns trennen.‹« Doch sie hoffte, daß er darauf nicht eingehen würde. Es gab Nächte voller Tränen, lautem Streit und angespanntem Schweigen, als sie um die Entscheidung kämpften, was nun geschehen sollte.

Sie trennten sich nicht, aber sie brauchten sechs Monate Eheberatung, um den Konflikt zu lösen, und es gab viele Kämpfe und schlaflose Nächte. Beide ließen den anderen Groll und Depression, Ärger und Trauer spüren – und merkten, daß sie einander zu sehr liebten, um sich trennen zu können. »Die Tatsache, daß ich von Anfang an ganz klar gesagt hatte, was Sache war, half mir, über die Angst, Bob etwas vorzuenthalten, hinwegzukommen. Und es half mir auch, daß Bob sagte, er habe ja von vornherein gewußt, worauf er sich mit mir einließ«, erzählte Joyce. Obwohl beide ihre Enttäuschung noch nicht ganz überwunden haben, hat die Intensität dieser Gefühle doch abgenommen. Jetzt, zwei Jahre später, sagte sie: »Es gibt Bob immer noch einen Stich, wenn wir ein Wochenende mit Freunden verbringen, die kleine Kinder haben, aber er versucht das dadurch zu kompensieren, daß er sich sehr um den kleinen Sohn seiner Schwester kümmert.« Dieser Konflikt hat die Beziehung zwischen Bob und Joyce nicht zerstört, aber er hat sie doch auf eine sehr harte Probe gestellt.

Trotz aller Verschiedenheit stimmen all diese Paare darin überein, daß Kinderlosigkeit ein wesentlicher Bestandteil ihrer Beziehung ist. Ob die Entscheidung dazu nun auf Gegenseitigkeit beruhte wie bei Nancy und Bruce, offenkundig einseitig war wie bei Jane und Max, unvermeidlich wie bei Linda und Kevin oder problematisch wie bei Tammy und Les, alle haben die Empfindung, daß ihre Verbindung etwas ganz Besonderes ist, was nicht hätte weiterbestehen können, wenn sie eine gemeinsame Familie gehabt hätten. Sie alle wissen, daß sich die Dynamik eines Paares verändern *muß*, wenn ein Kind dazukommt, und gerade diese Dynamik, die zwischen ihnen besteht, hüten sie wie einen Schatz.

Auf den ersten Blick scheint die Ehe von Bob und Joyce eine Ausnahme dieser Regel darzustellen, denn sie war ja durch seinen Kinderwunsch stark gefährdet. Sie hätten diesem Druck niemals standgehalten, wenn sie sich einander nicht so verbunden gefühlt hätten oder wenn das Fundament ihrer Beziehung weniger solide gewesen wäre. Bobs Sinneswandel hätte sehr wohl das Ende ihrer Ehe bedeuten können, wie so oft, wenn Paare in grundlegenden Lebensfragen nicht übereinstimmen. Was ihnen letztendlich möglich machte, ihren Konflikt zu bewältigen, war Bobs Überzeugung, daß Joyce das Wichtigste in seinem Leben ist.

Die Art, wie diese Paare ihr Leben gestalten, ist Welten entfernt von dem reduzierten Dasein meiner Tante Sally oder dem von Miriam, der Freundin meiner Mutter; sie spiegelt eine Realität wider, die ganz anders ist als das weitverbreitete triste Klischee, die allerdings in hohem Maße heutigen soziologischen Erkenntnissen über kinderlose Ehen entspricht. Genau wie bei den Frauen, die ich interviewt habe, waren bei der breitangelegten Untersuchung den Psychologinnen Linda Silka und Sara Kiesler die kinderlosen Paare mit ihrem Leben ebenso zufrieden wie Paare mit Kindern. Der einzig auffällige Unterschied: Ihre Beziehungen waren gleichberechtigter. Andere Studien berichten von einem hohen Grad an Harmonie, Vertrautheit und einer ungewöhnlich engen Verbindung bei kinderlosen Paaren. Da niemand da ist, der um ihre Aufmerksamkeit konkurriert – so lautet ihre Erklärung –, müssen sie sich ja miteinander befassen; dem können sie gar nicht aus dem Weg gehen, selbst wenn sie es wollten.

Wissenschaftler nahmen bisher an, daß kinderlose Ehen aufgrund der höheren Scheidungsrate, die einige Studien belegten, unglücklicher seien. Heute nimmt man eher an, daß es für kinderlose Paare schlichtweg einfacher ist, sich zu trennen, da sie nicht »um der Kinder willen« zusammenbleiben müssen. Sharon Houseknecht fand unlängst in ihrer Studie über fünfzig repräsentative Paare heraus, daß kinderlose Ehen typischerweise gut funktionieren und lang halten, daß sie »kohäsiv und befriedigend« sind. Das Gefühl, glücklich und sexuell erfüllt zu sein, der Wille, zusammenzubleiben, gemeinsame Interessen, die individuelle Übereinstimmung waren bei diesen Paaren durchgängig stärker ausgeprägt als bei Paaren mit Kindern – außerdem beteiligte sich der kinderlose Ehemann mehr an der Hausarbeit.

Die Ehen, die ich kennengelernt habe, halten im Durchschnitt schon seit zehn Jahren. Bei diesen Paaren gibt es einen bemerkenswerten Sinn für Nähe und gegenseitige Unterstützung und die Fähigkeit, sowohl gemeinsam als auch allein zu arbeiten. Ihre Energie fließt in ihren Beruf, in ihre Interessen und in ihre Beziehung. Sie haben nicht das Gefühl, daß in ihrem Leben etwas fehlt. Die Vertreterin Nora Adams formulierte es so: »Ich bin sehr glücklich und fühle mich ganz wohl dabei, allein mit meinem Mann und unseren zwei Hunden zu leben. Unser Zuhause ist intakt; ich glaube nicht, daß da etwas fehlt.« Und wenn man die Shermans, die Lyons oder die Krystals besucht, ist das ein ganz anderes Erlebnis als Thanksgiving im Hause meiner Tante.

Wenn sie auch im wesentlichen das haben, was sie wollen, äußerten doch einige der Frauen, mit denen ich sprach, um ihrer Männer willen Bedauern darüber, keine Kinder zu haben. »Er hat so gerne seinen Spaß und kann so ausgelassen sein, er wäre bestimmt ein guter Vater geworden«, sagte die Bühnenschriftstellerin Simonetta Fracci. Für sie sind Kinder die einzige natürliche Ausdrucksmöglichkeit gegenseitiger, dauerhafter Liebe, die sie in der ansonsten phantastischen Beziehung mit Jake vermißt. Cindy Gardners Ehemann Randy erging es vor nicht allzu langer Zeit wie Bob Rogers. Er erkannte, wie gerne er Vater sein möchte, genau zur selben Zeit, als ihr klar wurde, daß sie wirklich nicht Mutter werden will. »Es ist schrecklich für mich, zu enttäuschen«, gestand sie, »aber dies ist die einzige Frage in einer Ehe, bei der man einfach keine Kompromisse eingehen kann.«

Myra Wyeth, die fünfzigjährige Leiterin einer Casting-Agentur, lernte ihren dritten Mann in einer Schauspielklasse kennen. Er ist Künstler, fünfzehn Jahre jünger als sie, und sie leben überwiegend von ihrem Gehalt. Sie beschreibt ihre mittlerweile zehnjährige Ehe als »sehr romantisch und auf uns beide allein konzentriert.« Was sie an ihm schätzt, ist sein Optimismus, sein Sinn für Ästhetik und vor allem die Art, wie er sich um sie kümmert: »Da wir keine Kinder haben, kann sich jeder voll dem anderen widmen, und das will ich auch.«

Es gibt Faktoren in der Kindheit und der Persönlichkeit von vielen kinderlosen Frauen, die eine ausschließliche »Du-und-ich-Beziehung« für sie attraktiv macht. Während einige, wie Nancy Sherman und Meredith Reynolds, als Kind niemals so viel Aufmerksamkeit bekamen, wie sie gebraucht hätten, waren ziemlich viele meiner Interviewpartnerinnen der Liebling ihres Vaters und offene oder heimliche Rivalin der Mutter gewesen. Eine kinderlose Ehe zu führen ist für diese Frauen die Möglichkeit, eine wertvolle Erfahrung aus ihrer Vergangenheit zu wiederholen und voll und ganz das zu bekommen, was ihre Mütter ihretwegen niemals und sie selbst ihrer Mütter wegen nur teilweise haben konnten: die exklusive Liebe eines Mannes.

Eine freiwillig kinderlose Ehe ist eine Verbindung aus der Kompensation negativer Kindheitserlebnisse, Freiraum und Lebensfreude. In ihrem Ehemann sehen viele kinderlose Frauen ihren Vater. Andere fordern in ihrer Ehe gegenseitige Bewunderung, Aufmerksamkeit und Unterstützung, was sie in ihrer Kindheit unentwegt ersehnt, aber nie kontinuierlich bekommen haben. Sie haben die Empfindung, in ihrer Ehe wirklich eine Beziehung gefunden zu haben, in der zwei Seelen sich verbinden, ohne Hindernisse fürchten zu müssen.

Zur Mutter wird man nicht geboren: Auf der Suche nach einer alternativen weiblichen Identität

Sobald eine Frau aufgrund ihrer Persönlichkeit und ihrer Vergangenheit die Entscheidung trifft, kein Kind in die Welt zu setzen, steht sie vor einer gewaltigen Aufgabe: Worauf wird sie nun, wo sie die traditionell definierte Rolle abgelehnt hat, ihre Identität als Frau und als Mensch gründen? Wie wird sie zu einer Gesellschaft stehen, die hauptsächlich aus Eltern und Familien besteht? Was wird ihrem Leben Sinn geben? Mutterschaft bringt automatisch Anerkennung, Struktur und eine gewisse Zielgerichtetheit mit sich. Jeder, der sich der Elternschaft »verschreibt«, wie Jean Veevers es bezeichnet, die sich als erste Wissenschaftlerin mit freiwilliger Kinderlosigkeit befaßt hat, tritt damit »ins Heer der Reifen, der Gesicherten, der Achtbaren, kurz, der Erwachsenen« ein. Keines von all diesen Attributen fliegt einer »Nichtmutter« einfach zu. Sie wird immer grundlegend anders sein als die meisten Frauen, die sie kennt. Sie muß ihr Schicksal selbst gestalten und mit der Reaktion der Umwelt auf ihre Unangepaßtheit fertigwerden.

Die Mutterrolle verleiht eine gesicherte Identität. Sehr wenige Männer, dafür aber zahllose Frauen können sich auf ihre Rolle als Elternteil berufen, wenn man sie danach fragt, was sie beruflich machen. Viele dieser »hauptberuflichen« Mütter lieben ihre Arbeit, sie paßt zu ihnen und gibt ihnen genügend Befriedigung. Manche drücken sich jedoch vor weiteren Pflichten oder bleiben aus Angst zu Hause und ziehen sich in den Kreis der Familie zurück, um dem Konkurrenzkampf und den Erwartungen der Außenwelt zu entgehen. Eine Mutter kann ihr Selbstwertgefühl in erster Linie aus ihren häuslichen Pflichten beziehen und sich mit dieser kulturell vorbestimmten, für sie maßgeblichen Aufgabe für den größten Teil ihres restlichen Lebens beschäftigen. Kinderlosen Frauen steht diese Möglichkeit nicht offen.

Für eine Mutter steht ihr Kind im Zentrum ihrer Aufmerksamkeit, und die Beziehung zu ihrem Kind ist eine der wichtigsten Quellen für ihr Selbstbild; ihr Tagesablauf und ihre Zeit sind durch die Bedürfnisse dieses Kindes strukturiert. Für eine Frau, die keine Familie hat, existiert diese äußere Definition ihrer selbst nicht. Sofern sie nicht törichterweise versucht, sich über ihren Ehemann zu definieren, muß sie selbst ihre Identität formen. Dabei kann sie sich nur auf ihr eigenes Ich berufen; sie definiert sich allein durch ihre Handlungen. Genau wie ein Mann kann sie nicht einfach *sein*, sie muß *handeln*.

Mutter zu sein ist natürlich nicht für jede Frau mit Kind der einzige Lebenszweck. Für viele sind der Beruf, ihr Partner, ihre Freunde, andere Familienmitglieder und Aktivitäten, die nichts mit den Kindern zu tun haben, ebenso wichtig. Aber anders als eine kinderlose Frau *muß* eine Mutter nichts weiter tun, um sich in unserer oder in jeder anderen Gesellschaft zu legitimieren; sie hat eine traditionelle Rolle inne, auf die sie zurückgreifen kann, einen »natürlichen« Platz in der Ordnung der Dinge.

Ich kenne viele Mütter, die ganztags arbeiten und keine Probleme damit haben, mit kinderlosen Frauen zu sympathisieren, wenn sie selbst auch eine andere Wahl getroffen haben. Einige vertrauten mir sogar an, sie seien sich gar nicht so sicher, ob sie überhaupt eine Familie haben würden, wenn sie vorher gewußt hätten, was das alles mit sich bringt. Viele der kinderlosen Frauen jedoch, mit denen ich sprach, waren beunruhigt über die unterschwellig negativen Gefühle und Vorurteile, mit denen sie konfrontiert wurden. Fremde Menschen erklärten sie für unweiblich, in der Annahme, Frauen, die keine Kinder wollen, könnten nur kalt und gefühllos sein, und in ihren eigenen Familien fragte man sich, ob mit ihrer moralischen Grundeinstellung irgend etwas nicht stimme oder ob ihnen gar die nötige Reife fehle.

Die Filmemacherin Jackie Fast konnte einmal im Nachtflug von Los Angeles an die Ostküste aus erster Hand die übelste Form der Reaktion auf Kinderlosigkeit miterleben. Obwohl sie selbst noch nie offen Vorurteile zu spüren bekommen hatte, schockierte sie diese Erfahrung so, daß sie für sie geradezu »sinnbildlich« wurde dafür, »wie manche Leute wirklich über uns denken. In der Sitzreihe mir schräg gegenüber saß ein quengelndes Kind mit seinen Eltern. Vor ihnen eine gutgekleidete Frau Ende Vierzig, die wie die Herausgeberin eines Magazins aussah. Fünfmal bat sie das Kind sehr höflich, doch nicht dauernd mit den Füßen gegen ihren Sitz zu treten. Beim sechstenmal hob sie ihre Stimme ein wenig, aber sie hatte sich immer noch mehr unter Kontrolle, als es mir in dieser Situation möglich gewesen wäre. Da schrien die Eltern sie an: ›Sie sind doch nur neidisch, weil Sie selbst keine Kinder haben!‹ Ich rief empört eine Stewardeß. Es bildeten sich sofort zwei Fraktionen. Einige stärkten uns den Rücken, aber eine ganze Horde begann, ihr Dinge entgegenzubrüllen wie: ›Deine fruchtbaren Jahre sind vorbei, du vertrocknete alte Vettel!‹ und mir, daß ich doch nur unbefriedigt sei. Ich fand das alles schockierend; denn ich identifizierte mich natürlich mit ihr.«

Besonders aufschlußreich an Jackies Erzählung ist, daß ihre Mitreisenden gar nicht wissen konnten, ob sie und ihr Alter ego Kinder hatten; sie nahmen einfach an, daß nur eine kinderlose Frau negativ auf ein solches Benehmen reagieren würde.

Auch die Vertreterin Nora Adams hatte in bezug auf ihre Kinderlosigkeit ein bezeichnendes Erlebnis. Sie traf sich gerade mit einer alten Freundin in Chicago zum Mittagessen. »Ich erzählte ihr eben, wie wohl ich mich mit meiner Entscheidung fühlte, keine Kinder zu haben«, berichtete Nora. »Da kam eine vollkommen fremde Frau zu uns herüber und sagte: ›Ich würde diese Entscheidung wirklich noch einmal überdenken, denn später wird sie Ihnen leid tun.‹ Mir blieb der Mund offen stehen. Sie wußte überhaupt nichts über mich – ich hätte ja genausogut eine Massenmörderin sein können –, und doch hielt sie sich für berechtigt, mir in die persönlichste Entscheidung meines Lebens reinzureden.« Die fremde Frau war so überzeugt davon, daß Kinderkriegen die Pflicht aller Frauen sei, daß sie sich durch ein zufällig mitgehörtes Gespräch geradezu verpflichtet fühlte, sich einzumischen.

Wenn man wie Nora unpopuläre Gefühle äußert, berührt das manche Leute höchst unangenehm. Nachdem mein Artikel über meine eigene Entscheidungsfindung erschienen war, erhielt ich einen anonymen Brief von einer »besorgten Kollegin«, die mich drängte, mir die Sache doch noch einmal zu überlegen. Wir hatten noch nie miteinander gesprochen, aber die Schreiberin war sich sicher, daß ich mir etwas vormachte, wenn ich glaubte, aus Selbsterkenntnis heraus zu handeln. Die »wirkliche« Erklärung, warum ich keine Kinder wolle, sei ein angstmotiviertes Vermeidungsverhalten, das ich – da war sie sicher – mein ganzes Leben lang bereuen würde. Ihrer Analyse zufolge zeigte mein Verhalten, daß es mir nicht geglückt war, die Beziehung zu meiner Mutter erfolgreich aufzuarbeiten. Sie legte mir sogar nahe, doch wieder eine Therapie zu machen, damit ich meine Meinung ändern könnte. Genau wie Jackie und Nora schloß ich daraus, daß meine Entscheidung, besonders seit ich sie zu Papier gebracht habe, für die bestehende Ordnung eine Bedrohung darstellen mußte. Die Leute bekommen leicht Angst und werden intolerant, wenn etwas ihr Weltbild erschüttert, insbesondere, wenn es um eine so geheiligte Ikone wie die Mutterschaft geht. Pam Hall bringt es auf den

157

Punkt: »Kinderlosigkeit ist unamerikanisch; damit bist du fast eine Landesverräterin.«

Kinderlose Frauen werden sehr ärgerlich, wenn man sie wie Außenseiterinnen behandelt, denn damit wird ihr Minderheitenstatus noch untermauert. »Die Mehrheit macht sich nicht klar, daß sie voreingenommen ist«, sagte die Lyrikerin Marty Richardson. »Es erstaunt mich immer wieder, daß mich die Leute komisch ansehen, wenn ich sage, daß ich keine Kinder haben möchte. Ich wünschte mir manchmal, ich würde mich trauen, den Spieß umzudrehen und sie fragen, warum sie denn welche wollen.«

Nina Andrews, eine dreiundzwanzigjährige Jurastudentin, findet es befremdlich, daß für manche gebildete Frauen in ihrer Generation Kinderlosigkeit immer noch mit einem Stigma behaftet ist. »Meine Freundinnen sitzen da und reden davon, wann sie wohl heiraten und Kinder haben, als ob ihr Leben ganz automatisch in diese Richtung gehen müßte. Sie können gar nicht glauben, daß ich keine Kinder will. Es ärgert mich, daß sie die Möglichkeit an sich schon ausschließen. Und ich habe gedacht, daß gerade Frauen das Recht auf freie Entscheidung unterstützen.« Nina möchte sich später einmal als Juristin auf das Thema der Gleichberechtigung von Mann und Frau spezialisieren. Die Arbeit auf diesem Gebiet wird ihre Identität als Frau festigen, und außerdem könnte sie damit eine gesellschaftliche Veränderung fördern. »Als Juristin kann ich am besten dazu beitragen, den Status der Frau zu verändern«, sagte sie.

Die Casting-Agentin Myra Wyeth ist davon überzeugt, daß verdeckte Ressentiments gegen ihre Entscheidung, keine Kinder zu bekommen, sie einmal einen Job gekostet haben. »Ein Produzent fragte mich beim Vorstellungsgespräch, ob ich denn plante, ein Kind zu bekommen. Ich antwortete: ›Dazu bedeuten mir meine Arbeit und mein Mann zu viel. Die Superfrau, die alles auf einmal kann, bin ich nicht. Ich habe mich schon dafür entschieden, was mir wichtiger ist.‹ Da sah ich, wie in seinen Augen kaum wahrnehmbar der Gedanke aufblitzte: ›Vielleicht ist sie ja eine von diesen eiskalten Karrierefrauen.‹ Er stellte jedenfalls eine andere ein.« Myra glaubte, daß sowohl die Sicherheit, mit der sie ihre Prioritäten gesetzt hatte, als auch die Inhalte ihrer Prioritäten ihren potentiellen Chef abschreckten, weil sie ihm unweiblich erschienen.

Noch weitaus verletzender ist es aber, wenn sich Familie und Freunde nicht in die kinderlose Frau hineinversetzen können. Obwohl einige Frauen davon berichteten, daß ihre Familie loyal hinter ihrer Entscheidung steht, litt eine überraschend hohe Anzahl von ihnen unter verletzender Taktlosigkeit und sogar Feindseligkeit. So bemäntelte die Schwester von Barbara Cowan ihre Konkurrenzgefühle gegenüber Barbara mit dem »hilfreichen« Vorschlag, sie solle doch im Familienrundbrief über ihre Katze schreiben, da bei ihr ja die Kinder fehlten, über deren Taten sie hätte berichten können.

Der Druck, den manche Familien sich auszuüben anmaßen, kann beachtliche Formen annehmen. Die vierundzwanzigjährige Jennifer Samuels, die gerade angefangen hat, Sozialpädagogik zu studieren und momentan allein lebt, wurde beim Begräbnis eines Verwandten von ihren Eltern in Kenntnis gesetzt, daß sie ihrem künftigen Enkelkind den Namen des Verstorbenen zugedacht hatten. Sie wurden so anmaßend, weil ihnen mit Schrecken bewußt wurde, daß sie keine Erben haben würden, und sie unbewußt fürchteten, die Entscheidung ihrer Tochter könne ein schlechtes Licht auf sie werfen.

Der Wunsch, Enkel zu haben, kann aus den unkonventionellsten Familien konservative Menschen machen. Die Hippie-Eltern der Werbefachfrau Julie Stratton behandeln ihre »entgleiste« Tochter fast wie eine Kriminelle. »In meiner Familie wird einfach erwartet, daß man Kinder bekommt«, erzählte Julie. »Meine Eltern stammen aus West Virginia, und dort kann man sich nicht vorstellen, daß es auch anders geht. Keiner hat jemals direkt etwas gesagt, sie schauen mich nur an und reden so komisch mit mir. Warum ich denn keine Kinder haben möchte, wollen sie wissen. Ich sage ihnen, daß es mich einfach nicht interessiert, und sie reagieren so ungläubig, als wäre das nur ein Witz. Wie kann sich jemand denn *keine* Kinder wünschen? Meine Mutter verzieht das Gesicht und sagt: ›Mach, was du willst, du wirst deine Meinung hoffentlich noch ändern.‹« Die Mißbilligung ihrer Eltern weckt in Julie Schuldgefühle und verstärkt in ihr das Gefühl, daß irgend etwas mit ihr nicht stimmt; dagegen muß sie ankämpfen, wenn sie ihre endgültige Entscheidung trifft.

Kurz nachdem Myra mit vierzig zum dritten Mal geheiratet hatte, setzten sich ihre Eltern und die Schwiegereltern mit den Neuvermählten an den Frühstückstisch, um ein ernstes Wort mit ihnen zu sprechen. »Sie schienen alle um jeden Preis Großeltern werden zu wollen«, erinnerte sich Myra. »Seine Eltern sagten: ›Ihr werdet langsam alt. Ihr könntet alle Freiheiten haben, und wir ziehen das Kind auf.‹ Meine Mutter pflichtete ihnen bei. Ich mußte lachen, aber mein Mann war entsetzt. Mein Vater wurde schließlich wütend und sagte: ›Du hast kein Verantwortungsgefühl.‹ Ich antwortete: ›Ich bin äußerst verantwortungsbewußt – aber ich kann mich nicht um ein Kind kümmern. Die Welt ist voll von ungewollten Kindern – wenn ihr eines wollt, dann seht zu, daß ihr eins adoptieren könnt.‹«

So ärgerlich die Erfahrungen mit dem Filmproduzenten und ihrer Familie für Myra auch waren, so ließ sie sich doch dadurch in ihrer Entscheidung nicht beirren, weil sie sich durchaus sehr wohl damit fühlte. »Man wird vielleicht als unweiblich betrachtet, wenn man nicht als Mutter für andere sorgen will, doch gibt einem diese Entscheidung eine Freiheit, aus der sich soviel Kraft schöpfen läßt, wie es viele Frauen sich nie hätten vorstellen können«, sagte mir Myra. Sie verglich ihr Leben mit dem einer Mutter. »So eine Frau hat ein ganz anderes Bild von ihrem Platz in der Welt als ich; vielleicht ist ihres umfassender. Sie sieht sich selbst in der Generationenfolge, was ich natürlich nicht tun kann – aber die Welt wird auch ohne meine Gene weiterbestehen.« Myra kennt ihre Grenzen, und sie weiß, daß sie eine Ehe führt, die ihr guttut, einen Beruf hat, der sie anregt, und ein solides Gespür für sich selbst – und für ihr Alter plant sie, wieder als Schauspielerin zu arbeiten. Sie glaubt, wenn man »etwas tut, was man wirklich möchte, fühlt man sich einfach stärker«.

Der Börsenmaklerin Mimi Davis geht es genauso. »Viele Leute bekommen ganz automatisch Kinder, nur weil das so üblich ist; sie denken nicht nach. Meiner Meinung nach hätten sie guten Grund, neidisch auf eine Frau zu sein, die ihrem eigenen Willen folgt und sich nicht nach dem richtet, was man von ihr erwartet oder was jeder tut.«

Bis sie zu diesem Schluß kam, zweifelte Mimi stark an ihrer Weiblichkeit, denn wie viele Frauen fürchtete sie, es sei pathologisch, sich außerhalb der Norm zu bewegen. Daß sie dabei überhaupt keine ambivalenten Gefühle hatte, kam ihr besonders merkwürdig vor. »Ich entdeckte bei mir nie so etwas wie Mutterinstinkt oder die Idee, man müsse heiraten, um Kinder zu bekommen. Es beunruhigte mich, daß ich da ganz anders fühlte als die Mehrheit, aber ich dachte mir, das wird schon noch kommen.« Zu ihren psychologischen Bedenken kamen noch medizinische Probleme hinzu, die sie zu einer frühen Entscheidung zwangen. »Ich habe Zysten in den Eierstöcken – mein Körper verhält sich nicht so, wie ein weiblicher Körper sollte; deshalb drängten mich die Ärzte, als ich dreißig war, sofort ein Kind zu bekommen. ›Es ist wohl völlig unwichtig, ob mein Mann und ich überhaupt eines wollen?‹ fragte ich.« Der unbedingte Wunsch nach einem Kind, auf den Mimi gewartet hatte, kam nie auf, und sie ist stolz auf sich, weil sie sich weder von der Zeit noch von äußeren Autoritäten zu irgend etwas drängen ließ. »Ich habe es schon richtig gemacht, daß ich auf meine eigene Stimme gehört habe, und es geht mir jetzt sehr gut«, erklärt sie.

In Anbetracht der Art und Weise, wie man häufig auf kinderlose Frauen reagiert, überrascht es nicht sonderlich, daß viele von ihnen sich ernstlich fragen, ob sie denn normal sind. Die Romanschriftstellerin Joyce Rogers wurde im Jahre 1963 tatsächlich von ihrem Gynäkologen zum Psychologen geschickt, nachdem sie ihm ihren Vorsatz offenbart hatte. »Er sagte, meine Gefühle seien einfach neurotisch, also ging ich zum Psychologen – das würde ich heute nicht mehr tun«, erzählte Joyce. »Der Psychologe war strenger Freudianer und sprach kaum ein Wort; er brachte mich nicht dazu, meine Absichten zu ändern.«

Was sich aber ändern kann, ist die Art, wie eine Frau auf die Meinung der anderen reagiert, sobald sie ihren inneren Konflikt bewältigt hat. Diese Entdeckung machte jedenfalls Dina Kahn, die Inhaberin eines Buchladens: »Ich bekam andauernd Kommentare von Kollegen oder anderen Frauen mit Kindern zu hören. Sie sagten ›warum denn nicht – willst du nicht – du mußt doch – du brauchst doch – du solltest wirklich – du wärst ein glücklicherer Mensch‹. Das brachte mich immer ganz aus dem Gleichgewicht, und ich hatte jahrelang damit zu kämpfen. Mir ging es so lange gut mit meiner Entscheidung, bis ich angegriffen oder kritisiert wurde; dann dachte ich gleich, daß irgend etwas mit mir nicht stimmt. Aber plötzlich dämmerte es mir, und ich fing an, zu überlegen, was denn mit *ihnen* los war, und ich fragte zurück: ›Was stimmt denn bei dir nicht? Warum kannst du meine Entscheidung nicht akzeptieren?‹ Das war einigen ziemlich unangenehm. Manche stritten ab, mich verunsichern zu wollen, oder sie gaben zu, mich zu beneiden. Ich bin als Sporttaucherin um die ganze Welt gereist und sehr stolz auf mich und meine Leistungen. Mir geht's gut und ich bin wirklich glücklich, während manche Leute mit Kindern nicht so glücklich sind mit ihrem Leben. Aus dieser Unzufriedenheit heraus können sie dann nicht tolerieren, wenn jemand nicht der Norm entspricht.« Dianas Reaktion auf die Mutterschafts-Lobby ist zum Teil einfach darin begründet, wie sie selbst behandelt wurde, aber sie analysiert die Motivation dieser Lobby durchaus richtig; es ist für beide Seiten nicht ganz einfach, einander zu verstehen.

Noch lange, nachdem sie sich einig geworden sind und mit ihrer Entscheidung eigentlich gut leben können, haben viele Nicht-Eltern das Gefühl, auf subtile Weise von der sie umgebenden Familienwelt ausgeschlossen zu sein. »Ich gehöre gar nicht richtig zu meiner unmittelbaren Nachbarschaft in New Jersey«, sagte die Journalistin Diana Russo. »Da gibt es dann den Mami-Club für die, die ein Kind haben, da hast du dann plötzlich lauter Schwestern. Meine eigene Schwester hat vier Kinder, und ich fühle mich außen vor; ich bin nur die Tante.« Marty Richardson war überrascht, wie familienorientiert man in Los Angeles ist, als sie von der Ostküste dort hinzog. »Wenn man sich gegen Kinder entscheidet, ist es schwierig, Anschluß zu finden«, sagte sie. »Es war ein hartes Stück Arbeit, mir hier meine eigene Nische zu schaffen.«

Die Frauen aus allen Teilen des Landes äußerten ähnliche Gefühle, aber die Südstaatlerinnen beklagten sich am meisten. Als Susan Barlett, Psychologie-Professorin an einer Elite-Universität an der Ostküste, emeritierte und ins ländliche North Carolina zog, war sie frappiert, in welchem Maße die Großfamilie das Leben in ihrer neuen Heimat dominierte, und auch davon, welch zentrale Rolle Kinder im Leben ihrer Altersgenossinnen spielten. »Hier im Süden hat die Verwandtschaft eine riesige Bedeutung; es ist unglaublich, wieviel Zeit Frauen aus meiner Altersgruppe damit verbringen, sich um ihre Enkelkinder zu kümmern«, sagte sie. »Hier wird man als erstes gefragt ›Welcher Kirche gehören Sie an?‹ und ›Haben Sie Kinder?‹« Sie brauchte Jahre, bis sie sich darauf eingestellt hatte, in ihrer Bekanntschaft die einzige Frau ohne Kirchen- oder Familienbindung zu sein. Der Kontakt zu einigen ihrer früheren Studentinnen, die sie ihre »Ersatztöchter« nennt, hilft ihr darüber hinweg.

Als Dina Kahn von Indianapolis nach Richmond, Virginia zog, fiel ihr auf, daß die Leute im Süden ein ganz anderes Gefühl für persönliche Grenzen haben. »Hier unten«, sagte sie, »rückt man einander mehr auf die Pelle. Die Leute fragen einen hier mehr über das persönliche Leben aus als im Mittleren Westen – ich war ganz schockiert, was für Fragen man mir stellte. Im Mittleren Westen sind die Leute zurückhaltender und achten die Privatsphäre mehr.«

New York City schnitt am besten ab in Hinblick auf seine Toleranz von individuellen Lebensentwürfen. Die Organisatorin von Benefizveranstaltungen und Wahl-Manhattanerin Hope Walker glaubt, daß »New York City einer der besten Orte auf der Welt ist für ein Leben ohne Kinder. Die Leute hier akzeptieren dich so, wie du bist. In Canton, Michigan, dachten alle Frauen in meinem Viertel, ich wollte ihnen nur ihre Männer wegnehmen. Die New Yorker lassen die Koexistenz aller möglichen Lebensformen zu. Du kannst hier leben wie du willst, und kein Mensch würde dich hier für minderwertig halten, nur weil du keine Mutter bist.«

Kinderlose Frauen passen sich zwar an das Leben in so ungeeigneten Orten wie Kleinstädten, ländlichen Gegenden und Vororten an, aber sie müssen sich auch schwer darum bemühen, ihren Platz zu behaupten; oftmals stellen sie eine

Minderheit dar – bestehend aus einer Person. Es mag zwar einige Aspekte an diesen Orten geben, die ihnen vielleicht zusagen, aber sie brauchen ungewöhnlich viel Selbstvertrauen und müssen sich in ihrem Anderssein voll akzeptieren, um dort bestehen zu können.

Das beste Gegenmittel gegen das Gefühl, ausgeschlossen zu sein, ist ein Netz von gleichgesinnten Freunden. Die meisten meiner Interviewpartnerinnen haben, egal, wo sie wohnen, eine Peergroup gegründet, auf die sie nicht mehr verzichten wollen. »Ich habe Beziehungen zu Leuten, die mich wegen meiner starken Überzeugungen bewundern«, erzählte mir Tess Clark. »Sie haben mich beraten und unterstützt.« Jackie Fast glaubt, daß ihre Freunde, von denen die meisten keine Kinder haben, ihr sozusagen eine Pufferzone schaffen, eine Umgebung, die zu ihr paßt und in der Freundschaften wichtiger sind als ein Familienleben.

Aber bei weitem nicht alle Leute mit Kindern verspüren aus unbewußter Eifersucht den Zwang, andere zur Elternschaft zu bekehren; viele, die zu dieser Mehrheit gehören, bewundern und ermutigen andere, die die weniger populäre Entscheidung treffen. Als die Modestylistin Christy Nichols befürchtete, daß ihre Entscheidung gegen ein Kind etwas Anormales sei, reagierte ihr Therapeut ganz anders als der Gynäkologe von Joyce Rogers. Er fragte: »Anormal nach wessen Maßstäben?« und ermutigte sie, sich von der Meinung anderer unabhängig zu machen. Später bemerkte Christy erfreut, daß ihre Entscheidung einen unerwarteten Nebeneffekt hatte: »Ich hatte geglaubt, daß die Männer, die ich kennenlernte, über meine Entscheidung entsetzt wären, aber statt dessen waren sie erleichtert, daß ich nicht wegen eines Kindes hinter ihnen her war. Einer sagte, ich sei der Traum für jeden alleinstehenden Mann – schön, hat keine Kinder, will keine Kinder, und ihre Mutter lebt dreitausend Meilen weit weg –, was will man mehr?«

Eine Frau, die erst nach reiflicher Überlegung Mutter wird und sich zu ihren ambivalenten Gefühlen bekennt, kann eine Frau, die sich für ein anderes Leben entscheidet, verstehen und sich in sie hineinversetzen. Eine außergewöhnlich selbstkritische Bekannte von mir, die eine erfolgreiche juristische Karriere aufgab, als ihr drittes Kind zur Welt kam, schrieb mir folgende Zeilen, nachdem sie denselben Artikel gelesen hatte wie meine »besorgte Kollegin«:

> ... Ich denke oft an Sie – an ihre Reisen in ferne Länder, ihre berufliche Tätigkeit –, kurz, an ihr Leben als erwachsene Frau. Hier am Stadtrand mit meinen Kindern zu leben ist in mancherlei Hinsicht wunderschön – ich erlebe atemberaubend glückliche Augenblicke. Aber es ist doch eine extrem eingeschränkte Existenz. Ist es da verwunderlich, daß sich etwas in mir nach einem Leben wie dem Ihren sehnt? Es hilft mir, zu wissen, daß Sie dort draußen sind, ungewöhnliche Orte besichtigen, köstliches fremdes Essen probieren und faszinierenden Menschen begegnen. So werde ich an Sie denken, wenn ich mit meinen älteren Söhnen Verstecken spiele oder das Baby im Dunkeln in den Schlaf wiege.

Sie hatte wie ich begriffen, daß es kein Leben ohne Einschränkungen gibt, keine Entscheidung, bei der man nicht auf etwas verzichten muß.

Ein Großteil der Frauen, die ich interviewt habe, insbesondere die in mittleren Jahren, haben inzwischen Frieden mit sich geschlossen und sind stolz auf den Weg, den sie gewählt haben. Sie waren, wie Robin Green es ausdrückte, zu der Erkenntnis gelangt, daß »man zur Mutter nicht geboren wird«, daß es also keinen universellen Mutterinstinkt gibt, dessen Fehlen eine Frau für immer als ungenügend weiblich brandmarkt. Trotzdem mußte jede von ihnen – wie alle, die sich entschließen, außerhalb der Norm zu leben – ihren eigenen Weg finden, und damit fertigwerden, daß sie sich in diesem kritischen Punkt deutlich von der Mehrheit unterscheidet.

Diese Nicht-Mütter gehen mit ihrem Minderheitenstatus auf ganz unterschiedliche Weise um. Einige fühlen sich in ihrer Identität als Frau nur wenig oder gar nicht beeinflußt, während andere sich in dieser Hinsicht stark beeinträchtigt fühlen. Denjenigen, die ihre Entscheidung schon sehr früh und relativ angstfrei getroffen haben, so wie Barbara Cowan, nimmt man am ehesten ab, daß die Mutterrolle für ihre weibliche Identität nicht von Belang ist. »Ich habe nie gedacht, daß ich erst zur Frau würde, wenn ich ein Kind bekäme«, sagte Barbara, die mit ihrem Mann stillschweigend übereingekommen war, eine kinderlose Ehe zu führen. »Das hat damit zu tun, wie mein Mann mich behandelt und wie ich auf andere Leute wirke.« Für Robin Green war es wichtiger zu heiraten als ein Kind zu bekommen, und sie führt ihr Selbstbewußtsein auf die Therapie zurück, die sie gemacht hat. »Ich habe mich immer wohl gefühlt als Frau«, erzählte sie mir. »Mir werden von beiden Geschlechtern positive Gefühle entgegengebracht; Männer wie Frauen mögen mich. Ich war sehr jung, als ich mit meiner Therapie anfing, deshalb habe ich ein ganz gesundes Gespür für mich selbst. Was ich nicht habe, vermisse ich auch nicht. Ich fühle mich wohl mit mir selbst, so wie ich bin.«

Trotz alledem fühlen sich manche Frauen ohne Kinder immer noch minderwertig oder unzulänglich, selbst wenn sie sich sicher sind, das Richtige getan zu haben. Diana Russo erzählte mir zwar, sie könne sich selbst »auf die Schulter klopfen, weil sie keinerlei Zwang oder Verpflichtung verspüre, Mutter zu werden«, projizierte aber dabei, ohne er zu merken, ihre Selbstkritik auf andere. »Irgendwie fühle ich mich doch unfertig«, gab sie zu. »Ich habe unwillkürlich das Gefühl, die Leute denken alle, bevor du kein Kind hast, bist du auch keine richtige Frau. Meine Therapeutin erwartete, daß ich mir einen Ruck gab; sie selbst wurde während meiner Behandlung schwanger.«

Im allgemeinen neigen eher jüngere Frauen zu der Befürchtung, sie könnten ihren Entschluß später bereuen. Die Schauspielerin Linda Krystal, die nach ihrer Entscheidung nun seit Jahren ein erfülltes und erfolgreiches Leben führt, geht heute eher philosophisch an die Sache heran. »Obwohl ich mich wirklich als weiblich und sexy empfinde – ich kann genausogut eine Krankenschwester oder Mutter spielen wie eine aristokratische Schlampe –, fühle ich mich doch nicht ganz als Frau«, gesteht sie. »Und ich bedaure es, daß ich niemals habe stillen können. Diese Erfahrung werde ich nie mehr machen, aber ich habe gehört, wie aufregend und befriedigend das sein kann. Ich habe etwas von dem, was das Leben bieten kann und wozu wir auf biologischer Ebene bestimmt sind, nicht erfahren, aber jetzt ist es zu spät zur Umkehr. Ich wollte mich auf meine Ehe und meine Schauspielerei konzentrieren, und das tue ich auch. Mein Selbstwertgefühl beziehe ich in weitaus höherem Maß aus meinem Beruf, als ich es daraus hätte beziehen können, ein Kind geboren zu haben.«

Viele Frauen durchleben bei ihrer endgültigen Entscheidung einen Prozeß, bei dem sie ihr Bild von sich selbst und ihre Vorstellung von Mutterschaft revidieren. Manchmal bemerken sie es erst, nachdem sich diese Veränderungen schon längst vollzogen haben; so ging es jedenfalls mir. Die Filmemacherin Jackie Fast änderte ihren früheren Standpunkt erst lange nach ihren Schlüsselerlebnissen – den aufschlußreichen Gesprächen mit der Renovierungshilfe, ihrem Gynäkologen und dem Wochenende auf dem Lande, das sie und ihr Mann zusammen mit den ungestümen Kindern verbracht hatten. »Ich habe immer angenommen, daß mir etwas fehlen würde, wenn ich nicht das tat, was alle Frauen tun. Dann kam mir das Kinderkriegen eher so vor, wie etwas, was zum Frausein gehört, wie wenn man zum Beispiel eine Mammographie machen lassen muß – nicht gerade die angenehmste Erfahrung, aber das gehört eben dazu. Das hatte ich im Hinterkopf, wußte aber gleichzeitig, daß ich einfach keine Kinder mochte, niemals den Impuls hatte, eines in dem Armen zu halten oder auch nur dachte, ach, sind die süß. Ich höre von Frauen, die sich leer oder schuldig fühlen, wenn sie auf Kinder verzichten, aber ich habe mich nie wirklich darum gekümmert, was andere Leute dachten.« Mit der Zeit bewältigte Jackie ihre ambivalenten Gefühle: »Ich habe nie mehr zurückgeblickt, und das Ganze war überhaupt kein Problem mehr für mich.«

Auch Dina Kahn beschrieb einen klärenden Prozeß, der es ihr schließlich ermöglichte, zu ihren eigenen Gefühlen zu stehen. Ihr früherer Leidensdruck wich dem Gefühl, ein erfülltes Leben zu haben. »Mit Ende Dreißig«, erinnerte sich Dina, »war ich oft depressiv. Ich faßte den Entschluß, kinderlos zu bleiben – und fing gleich danach wieder an, darüber nachzugrübeln. Das machte ich viele Jahre hindurch, bis ich merkte, daß ich nur versuchte, mir selbst einzureden, ich wolle ein Kind. Als ich endlich an dem Punkt angelangt war, die ganze Sache abzuschließen, und mich hundertprozentig wohl und stark dabei fühlte, war das einfach wunderbar; mit dem Trübsalblasen war es da endlich vorbei.«

Die Entscheidung gegen ein Kind ist für eine Frau mit starken Emotionen verbunden, anders als zum Beispiel die, welchen Beruf sie schließlich wählt – zu viel steht auf dem Spiel. Wer eine solch unpopuläre Entscheidung trifft, begibt sich außerhalb der gesellschaftlichen Normen und wendet sich aktiv gegen eine fundamentale Erwartung, die die Gesellschaft an Frauen stellt. So scheint es eine Stellungnahme gegen die Mutterschaft an sich zu sein, wenn eine Frau sich für ein kinderloses Leben entscheidet. Es überrascht nicht, daß diese Frauen die Mutterrolle generell negativ sehen oder zumindest diejenigen Aspekte stärker gewichten, die ihnen unattraktiv oder einengend erscheinen. Das ist für sie zum einen die Wirklichkeit, wie sie sie sehen, zum anderen versuchen sie damit, ihre eigene Position zu stützen und Argumente zu ihrer Rechtfertigung und Verteidigung vorzubringen. Darin zeigt sich das menschliche Bestreben, kognitive Unstimmigkeiten zu vermeiden – man möchte einfach gerne etwas »wegerklären«, was ganz offensichtlich die bereits mühevoll errungene Lösung eines Konfliktes gefährden würde. Das trägt natürlich nicht gerade dazu bei, die unterschwelligen Vorurteile zu entkräften, die Mütter und Nichtmütter gegeneinander hegen.

Eines, worüber sich kinderlose Frauen anscheinend *keine* Sorgen machen, ist ihr Sexappeal. Sie finden sich selbst mindestens ebenso attraktiv und begehrenswert wie Frauen mit Kindern. Die Sorge, daß Mutterschaft sich negativ auf ihr Liebesleben auswirken könnte, wird als einer der häufigsten Gründe angegeben, warum Frauen keine eigene Familie gründen wollen. In ihren Augen ist Mutter zu sein unerotisch. »Ich fühle mich attraktiver und weiblicher, eben weil ich keine Kinder habe«, erklärte die Juristin Janet Frank mit Nachdruck. Wie Jackie Fast hätte sie »als Mutter nicht das Gefühl, begehrenswert zu sein; mein Spiegel und die Reaktion der Männer sagen mir, daß ich so wie ich bin attraktiv bin.«

Die nächtlichen Auftritte als Bauchtänzerin »garantieren« Sandra Singers erotische Ausstrahlung. Sie glaubt, daß bei vielen Müttern das Interesse an diesem Aspekt ihrer Weiblichkeit schwindet. »Ich habe zu viele Frauen gesehen, die Kinder haben und ihre Sexualität genauso verlieren wie ihre Identität. Sie lassen sich körperlich gehen und beklagen sich über die sexuellen Annäherungsversuche ihrer Männer. Ich beklage mich, wenn diese ausbleiben.« Wie viele Frauen, die ich interviewt habe, denkt Sandra bei Schwangerschaft in erster Linie an einen Zustand, in dem eine Frau emotional unausgeglichen und körperlich entstellt ist, und darauf verzichtet sie liebend gern. Auch hat sie sowohl ästhetische als auch persönliche Einwände gegen die absonderlichen exhibitionistischen Auswüchse, die eine Geburt begleiten können, und die kaum jemand zu kritisieren wagt. »Ich finde dieses High-Tech-Getue um eine Geburt widerwärtig«, erzählte sie mir. »Wenn du da keinen Videofilm unter Anwesenheit der ganzen Familie produzierst – Hauptdarstellerin ist die Gegend zwischen deinen Beinen –, dann fühlst du dich nicht wohl in deinem Körper.«

Auch bei Marty Richardson hatte die bewußte Entscheidung, nicht Mutter zu werden, einen positiven Effekt darauf, wie sie ihr eigenes Frausein empfindet: »Ich fühle mich weiblicher und mein Sexualleben ist intensiver; ich fühle mich als ein Individuum, gerade weil ich mich von anderen Frauen unterscheide. Das stärkt mich als Frau, und ich kann auch die männlichen Anteile meiner Persönlichkeit besser ausleben.« Für Marty hat Weiblichkeit gleichermaßen psychische wie physische Qualität: »Meine Sexualität beschränkt sich nicht nur auf meine Fortpflanzungsorgane; sie ist auch in meinem Geist und in meiner Seele.« Keine Kinder zu haben, so Marty, habe ihr die Freiheit gegeben, sich als Mensch vollständiger entwickeln zu können.

Ganz egal, wie zufrieden sie mit sich selbst ist oder wie sinnlich sie sich fühlt, jede Frau, die freiwillig auf Kinder verzichtet, muß mit der praktisch universellen Annahme kämpfen, daß sie selbstsüchtig sei und ihr die Fähigkeit zu bedingungsloser Liebe fehle – der weiblichen Tugend, die traditionellerweise mit Mutterschaft assoziiert wird. Daß alle meine Interviewpartnerinnen darauf zu sprechen kamen, sei es, um es zornig zu widerlegen, sich selbst gegen diesen Vorwurf zu verteidigen oder stolz und manchmal trotzig dafür einzustehen, zeigt, wie tief die Annahme verwurzelt ist, daß jede »echte« Frau unbegrenzte Reserven an Altruismus besitzen sollte, die sich dann in dem Wunsch manifestieren, für Kinder sorgen zu wollen.

Die Literaturagentin Pam Hall beschreibt sich selbstironisch als eine »Anwältin der Selbstsucht«: »Die Schuldgefühle vieler Frauen rühren daher, daß sie denken, wer keine Kinder hat, verzichte auch darauf, Verantwortung zu übernehmen, und das sei selbstsüchtig. Es mag schrecklich klingen, aber für mich steht meine eigene Zufriedenheit an allererster Stelle. Ich glaube, bestimmte Leute sind von Natur aus fürsorglich, selbstlos und geben gerne. Das trifft für mich bestimmt nicht zu, es sei denn, ich möchte freiwillig so sein, und dann bin ich es ganz.« Für Pam ist es wichtig, die Bedingungen in der Hand zu haben, unter denen sie bereit ist, alles zu geben, und als Mutter wäre ihr das nicht möglich.

Die Akupunkteurin Anna Lincoln sieht ebenfalls keinen Grund, sich für irgend etwas zu entschuldigen. »Es gibt Leute, die sagen, daß es egoistisch sei, so zu leben wie ich. Ja – ich möchte so leben, wie es meinem eigenen Rhythmus entspricht. Wenn das egoistisch sein soll, dann ist Selbsterkenntnis dasselbe wie Egoismus. Und das wäre doch eine dumme Definition.«

Die Vertreterin Nora Adams gibt uns eine neue Definition von Egoismus, die in ihren Augen sinnvoller ist. »Ich werde stinksauer, wenn andere versuchen, mir Schuldgefühle einzureden und sagen, ich sei egoistisch. Man sollte eine Frau nur dann als egoistisch bezeichnen, wenn sie dem Kind, das sie *tatsächlich hat,* nichts gibt.« Die Organisatorin von Benefizveranstaltungen Hope Walker macht deutlich, daß im Gegensatz zur landläufigen Meinung die Tatsache, daß eine Frau Mutter ist, beileibe nicht für ihr selbstloses Verhalten garantiert. »Die Leute denken, wer Kinder hat, ist erwachsen und verantwortungsbewußt«, sagte sie, »aber ich glaube, wir brauchen da andere Kriterien. Ich kenne zum Beispiel eine Frau, die sich gerade zum dritten Mal scheiden läßt und Kinder von allen drei Männern hat. Ist das etwa verantwortungsbewußt?«

»Ich bin sogar sehr fürsorglich« – Tess Clark hat sich intensiv um sterbende Freunde gekümmert und Tanzunterricht im Altenheim gegeben. Sie weist die Annahme weit von sich, daß Mütter ein Monopol auf die Fähigkeit haben, mit anderen mitzufühlen. »Ich bin sehr wohl fähig, bedingungslos zu lieben, was manche Leute nur bei Müttern vermuten; es ärgert mich, daß sie so denken.« Obwohl Nancy Sherman vernunftmäßig mit Tess übereinstimmt, kann sich die Gastwirtin nicht der Befürchtung erwehren, es werfe ein schlechtes Licht auf sie, daß sie so gar nicht das Bedürfnis verspürt, sich um ein Kind zu kümmern. »Ich fürchte, daß das als ein Mangel an Großzügigkeit gedeutet wird, die sehr wichtig für mein Selbstbild ist«, gab Nancy zu. Das ist einer der Gründe dafür, daß sie es als ihre »Verpflichtung« betrachtet, jüngeren Frauen als Vorbild zu dienen. »Ich möchte ihnen Mut machen und sagen: ›Es gibt auch noch einen anderen Weg als den, Kinder zu haben, ich gehe ihn, und es funktioniert gut!‹« Ihr Wunsch, diese Art von Unterstützung anzubieten, ist zum Teil natürlich eine Kompensation, ist aber auch Ausdruck ihrer selbst und ihrer Fürsorglichkeit.

Die Gerichtsreporterin Amy Brandon sieht die Sache anders. Ihrer Meinung nach ist es wirklich so, daß Mütter ständig geben – auf eine Art, die ihr nicht möglich ist – und daß sie daher Erfahrungen machen, die ihr verschlossen bleiben. »Ich erlebe Augenblicke, in denen ich merke, welch wundervolles Gefühl es ist, einfach zu geben«, sagte sie nachdenklich. »Das hat Millionen von Menschen motiviert,

Kinder zu bekommen. Frauen wie mir geht dieses erhebende Moment verloren. Mutter zu sein heißt, sich ganz und gar einem anderen Menschen zu widmen; das ist vielleicht der einzige Weg, diese Grenzüberschreitung zu erfahren, und darauf werde ich verzichten müssen.« Das ist der Preis, den sie zahlt, um ein selbstbestimmtes Leben zu führen.

Aber durch die Liebe und Nähe, die sie in ihrem Leben erfahren haben, können kinderlose Frauen wie Amy damit leben, daß sie die Erfahrung der Mutterschaft nie machen werden. Wie die Ernährungsexpertin Cindy Gardner sagte: »Ich kann mir gut vorstellen, daß Kinder einem helfen können, eine Seite an sich selbst zu entdecken, die man ohne sie niemals kennengelernt hätte, daß Kinder deine Fähigkeit, Liebe zu geben, ans Licht bringen. Aber ich weiß, daß ich diese Fähigkeit trotzdem habe.«

Wollen sie diese Fähigkeit schulen, ohne daß sie sie einem Kind widmen können, müssen kinderlose Frauen nach Alternativen suchen. Es gibt viele Möglichkeiten, sich um andere zu kümmern, seien es Kinder oder Erwachsene, Fremde oder Verwandte; und die Frauen zählen diese Beziehungen fast zu den wichtigsten in ihrem Leben. Robin Green zog den Nachbarssohn mit auf und betreut ihren alternden früheren Chef. »Mir haben eigene Kinder eigentlich gar nicht gefehlt, weil ich mich um all diese Menschen gekümmert habe«, sagte sie. »Sie ergänzen mich.« Die Buchhalterin Lisa Diamond genießt ihre Rolle als Lieblingstante. »Mit jungen Leuten zu tun zu haben ist wichtig. Ich pflege den Kontakt zu den Kindern meiner Schwester, denn man wächst an so etwas und es hilft einem, die Welt in einem neuen Licht zu sehen. Jede neue Generation kann der älteren etwas vermitteln.«

Die Journalistin Diana Russo möchte ihre Liebe zur Literatur und ihr Fachwissen an Kinder weitergeben. »Meine Beziehung zu Kindern kann ja durchaus ganz anders aussehen, als man sich das im allgemeinen vorstellt. Ich würde sehr gerne einmal im meinem Landhaus Lyrik-Unterricht geben. Ich bin dabei, eine kleine Schule zu gründen. So werde ich zwar keine Kinder an meiner Brust stillen, aber eine Beziehung zu ihnen werde ich schon haben.«

Nur weil eine Frau lieber mit Erwachsenen zusammen ist (»Bringt die Kinder zu mir, wenn sie achtzehn geworden sind!« pflegte Barbara Cowan immer zu sagen), bedeutet das nicht, daß sie nicht das Bedürfnis verspürt, jemandem ihre Fürsorge zu schenken. Barbara findet es schön, das Talent der von ihr vertretenen Künstler zu fördern, genau wie die Kinderpsychiaterin Jane Michaels tiefe Befriedigung daraus zieht, symbolisch Mutter für ihre Patienten zu sein, die eigentlich »anderer Leute Kind« sind. Paula Holbrook betont voller Stolz den mütterlichen Aspekt ihrer Arbeit als Regisseurin. »Mit all diesen Leuten zu arbeiten ist eine schöpferische Erfahrung. Ich bin gut darin, das beste aus den Leuten herausholen. Eine wunderbare Schauspielerin sagte kürzlich zu mir, daß ich ihr sehr geholfen hätte; kann sein, daß dies meine Art ist, andere zu bemuttern.« Die Jura-studentin Nina Andrews erhofft sich für die Zukunft Befriedigung aus einer mütterlichen Rolle. »Ich kann mir vorstellen, daß es mich später ebenso erfüllen wird, die lebenserfahrene Ratgeberin für eine jüngere Frau zu sein, als wenn ich tatsächlich Mutter wäre«, sagte sie.

Alle diese Frauen haben ihre Entscheidung gründlich erwogen. Es wird zum Fundament ihres Selbstbildes und ihres Selbstwertgefühls, daß sie zielgerichtet und wohlüberlegt das Leben gewählt haben, das sie führen. Im Bewußtsein dessen können sie leichter Vorurteile überwinden und sich eine sinnerfüllte Identität als Frau schaffen – jenseits der Mutterrolle. Der Akt der Entscheidung, das Bewußtsein, das eigene Schicksal selbst in die Hand zu nehmen, festigt ihren Glauben an sich selbst und verleiht ihnen ein Gefühl der Stärke.

Lisa Diamond ist stolz darauf, so gründlich über das Für und Wider einer Mutterschaft nachgedacht und eine bewußte Entscheidung dagegen getroffen zu haben. »Viele Frauen setzen Kinder in die Welt, ohne sich besonders Gedanken darüber zu machen. Ich bin der festen Überzeugung, daß niemand Kinder haben sollte, um damit eine Lücke zu füllen. Heutzutage können doch Frauen frei entscheiden, da ist es um so trauriger, wenn sie es wegen des Druckes von außen nicht tun, aber dem muß man sich hartnäckig widersetzen. Ich glaube, daß viele Frauen gar nicht dafür geschaffen sind, Mutter zu sein; möglicherweise ist ihnen das quasi angeboren. Ich weiß jetzt jedenfalls, daß in dieser Hinsicht alles in Ordnung ist mit mir; ich bin eben einfach so.«

Christy Nichols profitierte sehr davon, dem Ratschlag ihrer Therapeutin zu folgen und ihre eigene Entscheidung zu treffen. »Ich habe mich aus dem Gespür dafür entschieden, wer ich bin und was ich brauche«, sagte Christy. »Dadurch, daß ich keine Kinder habe, habe ich die Möglichkeit gewonnen, alles zu tun, was ich will, meinem Beruf nachzugehen, der mir sehr viel bedeutet, und produktiv zu sein.«

Für Anna Lincoln »begann das Leben erst richtig mir vierzig«, in diesem Alter heiratete sie zum zweiten Mal und traf endgültig die Entscheidung, kein Kind zu bekommen. »Ich fühle mich dadurch nicht mit einem Stigma behaftet«, sagte sie mir. »Ein solches Gefühl kommt, glaube ich, von innen und spiegelt die eigene Ambivalenz und die eigenen Schuldgefühle wider. Daß ich keine Mutter bin, hat mich dazu befähigt, zu mir selbst zu kommen und mein Ich zu finden, mein eigentliches Ich. Zu viele Menschen wachsen auf, ohne ein Gefühl für sich selbst zu entwickeln.« All die wohlmeinenden Ratschläge, die sie ungefragt erhielt, konnten und können Nora Adams nicht davon abhalten, Dankbarkeit für das Leben zu empfinden, das durch ihren Schritt in die Kinderlosigkeit erst möglich wurde.

Auch wenn man diese Entscheidung nur im nachhinein akzeptiert, kann sie befreiend wirken. Leslie Harriman, mit fünfzig Jahren die elegante, erfolgreiche Besitzerin einer Kunstgalerie in Manhattan, hat erst vor kurzem den Mut gefunden, öffentlich zu erklären, daß sie aus freier Entscheidung kinderlos geblieben ist. »Als ich jünger war, fühlte ich mich richtig als Ausgestoßene«, gestand mir Leslie. »Ich hatte Angst, daß die Leute mich verurteilen oder bedauern würden – ich erkannte damals nicht, daß dieses ›Stigma‹ nur eine Art Bumerang war, der wieder auf mich zurückfiel, weil ich meiner eigenen Entscheidung mißtraute, die mich anders sein ließ als der Durchschnitt. Aber wenn mich jetzt jemand fragt, dann sage ich: ›Ich habe mich frei dazu entschieden, nicht Mutter zu sein.‹ Ich habe diese Entscheidung aus einer Position der Stärke heraus getroffen.« Leslie hat etwas in die Realität umgesetzt, was sie als ihren ureigensten Wunsch erkannt hatte. Und das ist zum Kern ihrer Existenz geworden.

Was von uns bleibt:
Altern und nichtbiologische Hinterlassenschaften

Ein Testament zu verfassen, ohne einen Erben zu haben, ist eine einsame und ernüchternde Angelegenheit. Das Lebensende rückt für jeden, der dieses Dokument unterzeichnet, in greifbare Nähe, aber irgendwie ließ mir meine Kinderlosigkeit den Tod sogar noch endgültiger erscheinen. Es ist unglaublich, was sich bei mir an Gütern angesammelt hat. Wer soll das alles nur bekommen? Wer wird es wollen? Ich begann allmählich die schmerzliche Freude meiner Mutter zu verstehen, mir ihre Sachen zu zeigen und verschiedenes davon anzubieten, und ich beneide sie darum. Teller aus Italien und Navajo-Decken sind dabei, das schwere zwölfteilige Sterling-Silber-Besteck, das meine russische Großmutter auf ihrem Sterbebett für mich bestimmt hatte, und sechs Paar maßgefertigte Vierziger-Jahre-Schuhe mit Plateausohle, die mir sicher passen würden. Und bei jedem Stück, das sie mir schenken will, schwelgt sie in Erinnerungen. Diese Gegenstände verkörpern für uns beide das Andenken an unsere Familie und tragen – nur für uns sichtbar – die Spuren der Lebensgeschichte und Persönlichkeit ihrer vormaligen Besitzer. Wenn mein Leben endet, werden diese Dinge und das, was von mir noch dazugekommen ist, keine solchen Assoziationen bei ihren neuen Besitzern auslösen.

Geld zu vererben ist dagegen leichter und mit weitaus weniger Ängsten verbunden. Mein Geld ist nicht anders als das anderer Leute. Ich kann es einer guten Sache, an die ich glaube, zukommen lassen, zum Beispiel der Ausbildung künftiger Therapeutinnen, aber es trägt nicht meine individuelle Prägung, keinen Widerschein von mir. Die Dinge meines Lebens sind es, die meine Welt erfüllen und definieren. In diesem Kontext haben sie eine Bedeutung, die für immer verloren gehen wird, wenn ich nicht mehr bin.

Meine Ohrringe sind für mich das größte Problem. Eine Freundin (die einige davon erben wird) zog mich auf, daß mein Grabspruch lauten sollte: »SIE HATTE OHRRINGE, FÜR DIE MAN STERBEN KÖNNTE.« Diese auserlesene Sammlung ist das Persönlichste und Kostbarste, was ich besitze. Da gibt es witzige Ohrgehänge (Bündel von üppigen schwarzen Plastiktrauben, Hamburger mit Sesambrötchen, von denen ein kleiner Junge im Bus wissen wollte, ob es die bei MacDonalds gibt, purpurn gepunktete kleine Büchlein), auffällige (eines mit Blick auf New York mit der Brooklyn Bridge, dem Chrysler-Building und anderen Sehenswürdigkeiten, goldene Metall-Sonnen, zwischen denen die Tierkreiszeichen baumeln, fünfzehn Zentimeter lange Aluminium-Blitzzacken mit Kugeln an den Enden, die mir einmal an die Zähne schlugen, als ich zum Taxi rannte) und

fröhliche (lackierte 3D-Dschungel-Tiere, eine Wasser-
schildkröte und zwei Seesternchen, leise funkelnde, mit
schwarzen Perlen verzierte Quasten und Kaskaden aus
Glaskugeln, die mit farbiger Flüssigkeit gefüllt sind und wie
alte Apothekerfläschchen aussehen). Eingeborenenmäd-
chen auf Java haben schon beifällig auf die Bananen gedeutet, die an meinen Ohren baumelten, und einmal, als ich am
Schluß der ersten Veranstaltung des Semesters die Seminar-
teilnehmer dazu anhielt, ihre Fragen zu stellen, sagte ein
vorwitziger Student: »Wo haben Sie denn Ihre legendären
Ohrringe?«

Weder in materieller noch in genetischer Hinsicht eine
Verbindung zur nächsten Generation zu haben ist eine Realität, die ich als eine der Konsequenzen akzeptieren muß, die
ein Leben ohne Kinder mit sich bringt. Nebenbei bemerkt
nehme ich natürlich nicht alles an, was meine Mutter mir
anbietet, nur das, was mir gefällt; ein Kind ist ja nicht die
Reinkarnation seiner Eltern, die ihr Leben fortsetzt. Das beste, was ich in meiner Situation tun kann, ist, mich so lange
wie möglich an meinem Schmuck und den Dingen, die ich
liebe, zu erfreuen. Später werden sie als Andenken an mich
anderen Menschen das Leben verschönern, auch wenn
meine Nutznießer nicht meinen Namen tragen und einige
von ihnen vielleicht nicht viel länger leben werden als ich.
Ich muß den Wert meiner Beziehungen zu meinen Besitztü-
mern wie auch zu den Menschen, die ich liebe, nur richtig
erkennen; sie sind nicht weniger bedeutungsvoll, nur weil
sie endlich sind.

Lauren Mansfield sah sich ebenfalls mit diesem Problem
konfrontiert, als sie Nachlaßverwalterin ihrer Mutter
wurde. Lauren selbst hatte keine Erben; was würde sie zu
hinterlassen haben, wenn ihre Zeit gekommen war, und vor
allem, wem? »Seit dieser Zeit habe ich dauernd an die Zukunft gedacht«, erzählte sie mir. »Der Tod ist so etwas End-

gültiges.« War es nun positiv oder negativ für sie, daß sie keine Kinder hatte? Es hatte sie in die Lage versetzt, in Ruhe nachdenken zu können, gleichzeitig bestand aber gerade deswegen die Notwendigkeit, das auch wirklich zu tun.

Lauren ist nach außen hin die konservativste Frau, mit der ich gesprochen habe, da sie als einzige zur Zeit nicht erwerbstätig ist; sie ist finanziell von ihrem Mann abhängig. Die neunundvierzigjährige sportliche Frau, die von sich selbst sagt, daß sie »gegen den Strom schwimmt«, lebt in einer malerischen Steiluferlandschaft bei Yakima, Washington. Da sie im Gegensatz zu den meisten Nur-Hausfrauen nicht die Verantwortung für eine Familie übernehmen muß, teilt sie ihre Zeit zwischen Wildwasser-Rafting und ehrenamtlicher Mitarbeit bei der Gemeindeverwaltung. Bis vor kurzem waren ihre besten Freunde, Mitarbeiter und Mit-Rafter ältere Paare mit erwachsenen Kindern, da alle Leute in ihrem Alter mit ihren Familien beschäftigt waren.

Lauren hatte schon in der Pubertät geahnt, daß die Mutterrolle nichts für sie ist. Als Thema für ihr erstes längeres Referat in der Schule wählte sie: »Das Nullwachstum der Bevölkerung«. Vor- und Nachteile ihrer Lebensweise sind ihr durchaus bewußt: »Ich weiß, daß ich auf vieles verzichte; man wächst ja selbst daran, wenn man ein Kind großzieht. Es gibt eine Art der Selbsterkenntnis, die einem nur ein Kind ermöglicht; diese Erfahrungen konnte ich nur bis zu einem gewissen Grad machen, als ich Schulunterricht gab. Im Umgang mit Kindern entwickelst du dich weiter. Du siehst die Welt mit anderen Augen.« Aber sie weiß genauso, daß sie mit ihrer Entscheidung gegen Kinder etwas Seltenes und Kostbares gewonnen hat, nämlich »Zeit, über alle möglichen Lebensformen nachzudenken; diese Zeit haben die meisten Leute nicht.«

Und Lauren dachte sehr viel nach, als sie kurz vor dem Tod ihrer Mutter an deren Krankenbett saß. Wie so viele

Frauen, mit denen ich sprach, war es ihr lebenslanges Ziel gewesen, anders zu sein als ihre Mutter; erst rückblickend erkannte Lauren, wie gut ihr das gelungen war. Ihre Mutter war eine norwegische Einwanderin, eine strenge Frau, die als ausgebildete Ärztin ihren Beruf aber nie ausgeübt hatte. Aus Angst, ihr Mann könne im Zweiten Weltkrieg ums Leben kommen, hatte sie ihr Kind vernachlässigt und war ihm nach Europa an die Front gefolgt. Lauren mußte ein ganzes Jahr bei den Großeltern bleiben, und als die Mutter später krank wurde, mußte sie die Verantwortung für einen Sechs-Personen-Haushalt übernehmen.

Anders als Tammy Lyons Mutter, die an ihrem Lebensende ihre Tochter so akzeptierte, wie sie ist, sah es Laurens Mutter als unverzeihliche Kränkung, ja Zurückweisung ihrer selbst (was es zum Teil auch war), daß Lauren keine Kinder hatte. Ihr Selbstbewußtsein half Lauren, diese Vorwürfe nicht persönlich zu nehmen; sie erkannte, daß ihre Mutter die Enttäuschungen ihres eigenen Lebens auf sie projizierte. »Ich unterscheide mich soweit von ihr, daß ich mir tatsächlich alles anhören konnte und mich zugleich innerlich davon distanzierte.« Jetzt, als Erwachsene, war es ihr möglich, ihre Mutter gleichermaßen objektiver zu sehen und ihr trotzdem beizustehen. »Als ich sie vor ihrem Tod pflegte, sah ich, daß ich wirklich nicht so war wie sie.«

Genauso wie das Leben ihrer Mutter Lauren dazu motiviert hatte, ihr eigenes anders zu gestalten, brachte der Tod der Mutter sie dazu, ein wertvolleres Erbe zu hinterlassen, als sie selbst erhalten hatte: »Wir besitzen ein Grundstück, das ich am liebsten zu einem öffentlichen Park machen würde. Dieser Ort hat eine ganz bestimmte spirituelle Atmosphäre; er wird unseren Namen weitertragen. Und dann würde ich noch gerne der örtlichen Bibliothek einen Anbau stiften. Für mich ist die Gemeinschaft etwas unglaublich Wichtiges.«

Indem sie diese schönen Dinge ebenso wie ihr Wissen weitergibt, ist dieses Kind einer nicht-gebenden Mutter eine gebende Nichtmutter geworden. Sie nabelte sich vollständig ab. Durch das, was sie für Menschen, die sie gar nicht kennt, tun möchte, hat sie zu sich selbst gefunden.

»Wer wird sich um mich kümmern, wenn ich alt und krank bin?« lautet die beängstigende Frage, die sich jede kinderlose Frau stellt. Für sie wird es keine Tochter wie Lauren geben, die ihr beistehen kann; und statistisch gesehen wird sie ihren Mann überleben. Wenn sie, so wie ich, keine große Familie hat, sollte sie besser schon jetzt Vorsorge für das Alter treffen. »Das ist der Grund, warum ich so viele Versicherungen abgeschlossen habe«, erzählte mir Jackie Fast mit einem nervösen Lachen.

Wie eine kinderlose Frau ihre Zukunft sieht, bestimmen ihr Temperament und ihre Erfahrungen. Die Modestylistin Christy Nichols gewann einen erschreckenden Eindruck von dem Schicksal, das möglicherweise auch sie erwartet, als sie ihre kinderlose Tante im Pflegeheim besuchte. »Sie ist dort ganz allein«, erzählte mir Christy, die immer noch erschüttert war von dieser Begegnung. »Als ich von meiner Tante zurückkam, setzte ich mich aufs Bett und weinte. Ich sah mich schon an ihrer Stelle – mutterseelenallein an diesem Ort.« Obwohl sie mit ihrem Leben zufrieden und sich sicher ist, mit ihrer Entscheidung gegen ein Kind, die ihr Therapeut unterstützte, das Richtige getan zu haben, ging ihr dieses Bild nicht mehr aus dem Kopf.

Die frisch verheiratete Krankenschwester Anita Stark sorgt sich auch um ihre Zukunft, aber es beruhigt sie, daß ihre ohnehin stattliche Verwandtschaft ständig wächst. Außerdem ist sie von Natur aus eher optimistisch. »Natürlich mache ich mir darüber Gedanken, daß ich niemanden zurücklasse, der sich im Alter um mich kümmern wird«, gab Anita zu, »aber ich glaube trotzdem, daß sich da irgend etwas ergeben wird. Meine große Familie wird für mich dasein, und so mache ich mir nicht allzugroße Sorgen.«

Feiertage sind immer wieder Momente der Bestandsaufnahme für eine Frau ohne Kinder; ein Thanksgiving-Dinner zu zweit (oder noch schlimmer, allein) entspricht nicht dem amerikanischen Ideal. Die frühere Professorin Susan Barlett, die sich nach ihrer Emeritierung in eine kleine Gemeinde im Süden zurückzog, empfand dies besonders schmerzlich. »Am Jahresende fehlt es mir schon, daß keine Familie da ist, mit der ich feiern kann«, sagte sie. »Manchmal befürchte ich, daß meine Freunde dann das Gefühl haben, sie müßten mich einladen.« Beverly Goodman, eine fünfzigjährige Fernsehproduzentin, sieht ihren Feiertagsblues ganz realistisch: »Mit dem Älterwerden bekomme ich hautnah mit, wie sich etwas auflöst, was einst eine große Familie war – sechs Leute sind in den vergangenen fünf Jahren in unserer Familie gestorben. Es kommt keiner mehr an den Feiertagen, es gibt keine Geschenke und keine Fröhlichkeit, wo früher zehn oder zwölf Leute beisammen waren. Das ist wirklich traurig. Natürlich mache ich mir Gedanken, mit wem ich im Alter Weihnachten feiern werde. Aber ich kann doch wohl kaum Mutter werden in dem Bewußtsein, daß ich diese Rolle heute hasse, morgen aber liebend gerne übernehmen möchte.« Die Schauspielerin Linda Krystal äußerte ähnliche Gefühle gegenüber diesen unvermeidlichen Entwicklungen. »Das einzige, was mich bedrückt, ist die Frage, was sein wird, wenn ich sterbe. Ich habe Angst davor, allein zu sterben, aber ich glaube, daß das jedem in irgendeiner Weise blüht, selbst wenn man Familie hat. Ich glaube, es wäre kein guter Grund, deswegen ein Kind zu bekommen.«

Aber nicht nur die familiären Umstände, auch die Persönlichkeit einer Frau hat großen Einfluß darauf, wie sie mit der Last des Älterwerdens fertig wird. Die Schriftstellerin Joyce Rogers sagte: »Es kann sein, daß ich mich im Alter einsamer fühlen werde als jetzt. Aber ich habe ohnehin die Tendenz, mich allein zu fühlen, und das hat nichts damit zu tun, ob ich ein Kind habe oder nicht; das ist einfach mein Naturell.« Sharon Powers sieht Einsamkeit unter einem ganz anderen Blickwinkel: »Ich habe keine Angst vor der Zukunft, denn ich werde niemals allein sein, solange es Bücher gibt, die ich lesen kann.«

Diese Frauen haben begriffen, daß nicht etwa die Angst vor der Zukunft, sondern allein der Wunsch, ein Kind aufzuziehen, der einzig legitime Grund ist, eines zu haben. Und sie wissen auch, daß Nachkommenschaft keine Garantie für einen sicheren Lebensabend sein kann. Wie Barbara Cowan sagte: »Alt zu sein ist in jedem Fall nicht die helle Freude – ich glaube nicht einen Augenblick, daß es die Sache besser machen würde, wenn man Kinder hätte. Niemand weiß wirklich, wie die Kinder später mit einem umgehen werden. Man kann nicht damit rechnen, irgend etwas von ihnen zu bekommen; da kann man möglicherweise eine unerfreuliche Überraschung erleben.« Dem kann die Akupunkteurin Anna Lincoln nur zustimmen. »Ich habe genug alte Leute in Altersheimen gesehen, um zu wissen, daß es keine Rolle spielt, ob Kinder da sind oder nicht. Wenn du deinen Verwandten nicht aus Liebe und Zuneigung verbunden bleibst, werden Schuldgefühle daran bestimmt nichts ändern.« Pam Hall sah es so: »Ich glaube, es ist sehr selten, daß man im Alter wirklich Trost durch die Familie erfährt. Das ist gelinde gesagt eine Illusion, einer dieser amerikanischen Mythen. Es kann schon sein, daß so etwas noch möglich war, als wir alle in kleinen Städten lebten. Meistens aber fallen Eltern ihren Kindern zur Last. Es wird mir bestimmt nicht fehlen, daß ich keine Kinder habe, denen ich das Leben schwer machen kann, keinen, der denken muß ›Mein Gott, muß ich sie jetzt etwa zu mir nehmen?‹ Und weil ich selbst eine sehr große Familie habe, werde ich immer genug Verwandte haben.

Wenn ich Thanksgiving groß feiern wollte, dann hätte ich viele Verwandte, die ich einladen könnte – aber glauben Sie nicht, daß ich das je getan hätte.«

Der Ehemann ist für viele dieser Frauen das einzige Familienmitglied, das sie haben, und diese Beziehung ist so eng, daß die Aussicht, ihn zu verlieren, entsprechend bedrohlich ist. Robin Green, die in reiferen Jahren einen wesentlich älteren Mann heiratete, weiß, was ihr bevorsteht. »Es ist nicht das Älterwerden ohne Kinder, was mich bedrückt«, sagte sie, »sondern, daß ich Jack verlieren werde. Ich werde schon jung Witwe werden.« Die Regisseurin Paula Holbrook war bereits einmal Witwe geworden, und es waren ihre Freunde, die ihr halfen, darüber hinwegzukommen. »Meine Freunde wurden meine Familie«, erzählte mir Paula und erinnerte sich an die schlimme Zeit, als sie sich erst einer Operation unterziehen mußte und kurz darauf ihren Ehemann und Mentor verlor. »Während dieser ganzen Zeit waren meine Freunde einfach unglaublich. Ich weiß seitdem, daß ich mich immer an sie wenden und auf sie zählen kann.« Nach ihrem Unfall verließ sich Eva Martinez auch lieber auf ihre Freunde. »Während meiner Rehabilitation brauchte ich meine Eltern ja auch nicht. Deswegen habe ich nicht das Gefühl, daß ich mich später jemals einsam fühlen werde«, vertraute sie mir an.

Freunde sind für die meisten Frauen, die ich traf, lebenswichtiger Familienersatz. Sie ersetzen Kinder, Geschwister und sogar Eltern, sorgen in allen Lebenskrisen für Trost und Unterstützung, kurz, sie tun all das, was andere von ihren Verwandten erwarten beziehungsweise wünschen, sie könnten es von ihnen erwarten. Als mein Mann einmal lebensbedrohlich erkrankte, erfuhr ich am eigenen Leib, daß keine Blutsverwandten mir mehr an Beistand oder Opferbereitschaft hätten geben können als meine guten Freunde.

Die Publizistin Meredith Reynolds hat sich geschworen,

ihre Freundschaften zu pflegen, anders als es ihre Mutter getan hat. »Ich habe sehr enge Beziehungen, die schon seit über fünfundzwanzig Jahren halten«, sagte sie. »Für mich sind Freundschaften das wichtigste im Leben. Ich habe mitbekommen, wie meine Mutter sich von ihren Freunden abgekapselt hat; sie wandte sich immer von Menschen ab, wenn sie sie verletzten. So möchte ich nicht leben.« Für Marty Richardson sind Beziehungen, die auf gegenseitigem Interesse und Sympathie anstatt auf zufälliger biologischer Verbindung beruhen, zu Eckpfeilern ihres Lebens geworden, zu ihrer Hoffnung für die Zukunft. »Weil meine Familie für mich eher eine Belastung war, möchte ich mir die Menschen gerne aussuchen, die später um mich sein werden. Warum soll man die Fesseln der Blutsbande nicht abstreifen und das ganze Leben lang neue Freundschaften schließen und dauerhafte Freundschaftsbeziehungen haben?«

Es gibt eine lebensfähige Alternative zum traditionellen Ideal der »Matriarchin«, die inmitten ihrer Kinder thront: die ältere Frau, die in einem Kreis von liebevollen Gleichgesinnten jeden Alters gut aufgehoben ist. Barbara Cowan hat das erreicht. »Ich fände es großartig, mit meinen Freunden alt zu werden«, sagte sie mit sechsundsechzig. Ich habe viele junge Freunde, und ich zähle darauf, daß sie später genauso loyal zu mir halten wie jetzt; für die nächsten zwanzig bis dreißig Jahre muß ich mir in dieser Beziehung keine Sorgen machen.«

Wer keine Familie hat, muß nicht notwendigerweise aus dem Leben scheiden, ohne menschliche Wärme zu spüren, so wie Christys Großtante; jedenfalls nicht, wenn man es so macht wie die Choreographin Tess Clark. Tess möchte keine ältliche, von aller Welt verlassene Frau werden und hat sich darum bemüht – so weit das einem Menschen möglich sein kann –, ein ganz anderes Szenario für sich vorzubereiten.

»Ich war kürzlich im Krankenhaus und sah, wie eine alte Frau eingeliefert wurde. ›Wen sollen wir benachrichtigen?‹ wurde sie gefragt. ›Haben Sie einen nächsten Angehörigen oder ein Kind?‹ – und da sah ich mich gleich selbst auf dieser Trage liegen. So Gott will, wäre ich dann in der Lage, zwanzig Telefonnummern zu nennen. Und die arme Frau hatte keine Menschenseele; zu mir würden meine Freunde sofort kommen. Dieser Gedanke ließ mich dankbar sein für das Netz, das ich in den letzten dreißig Jahren aufbauen konnte. Dieses Netz aus Freunden ist für mich eminent wichtig.« Die sorgfältig und liebevoll aufgebauten innigen Beziehungen, die trotz aller Freiwilligkeit verbindlichen Charakter haben, sichern Tess genau soviel Beistand und Sicherheit zu, wie jede Mutter es sich nur wünschen kann.

Kinderlosigkeit bedeutet für eine Frau nicht nur, daß sie keine Nachkommenschaft hat, die sich um sie kümmert oder ihren Namen weiterträgt; es wird auch niemand ihre Träume weiterträumen. Was sie tut, muß von ihr und nur von ihr allein zu Ende geführt werden. Frauen ohne Kinder müssen früher und direkter als andere den Grenzen ihrer Möglichkeiten ins Auge blicken, den Dingen, die ewig ungetan bleiben werden. Sie haben niemanden, auf den sie ihre Hoffnungen projizieren können, durch den sie ihre Fehler wiedergutmachen oder erreichen können, was sie selbst nicht geschafft oder gewagt haben. Und sie können sich nicht mit dem Gedanken trösten, daß die künftigen Erfolge ihrer Kinder die eigenen Fehlschläge in der Vergangenheit möglicherweise wettmachen werden.

Die Vorstellung, ein Leben ohne Kinder völlig auf sich selbst gestellt zu führen, macht der aufstrebenden zweiunddreißigjährigen Bühnenautorin Simonetta Fracci Angst. »Was, wenn ich eines Tages mit fünfzig erwache und sagen muß: ›Du hast es verspielt?‹« fragte sie. »*Und was, wenn ich mit dem Schreiben keinen Erfolg habe?«* Viele Frauen glauben sich immer noch in unterlegener Position und sehen das Elternsein als große Chance, ihrem Leben Sinn zu geben. Wenn das jedoch damit endet, daß sich die Frau tief im Inneren frustriert fühlt und meint, versagt zu haben, bekommen sowohl die Mutter als auch die Kinder die Konsequenzen zu spüren.

Es gehört dazu, daß gute Eltern für die nächste Generation das Beste hoffen, und wer ein einigermaßen gesundes Kind aufzieht, kann durchaus stolz auf sich sein. Aber ein Kind hat eine eigene Identität und ist eine ganz andere Art von »Leistung« als etwa eine künstlerische Arbeit. So sollte man bedenken, daß ihr Kind nicht stellvertretend für sie leben könnte. Wenn sie das Schreiben aufgibt und sich statt dessen dafür entscheidet, ein Kind zu bekommen, das dann später ein Stück schreibt, für das es mit dem Pulitzer-Preis ausgezeichnet wird, dann ist das nicht Simonettas Verdienst. Die Mutterrolle wird sie nicht vor dieser Realität bewahren; sie wird weiterhin Verantwortung dafür übernehmen müssen, was sie aus ihrem eigenen Leben macht.

Die ehemalige Schauspiellehrerin Karen Gold weiß gut, wie wichtig das Gefühl der Unabhängigkeit für eine Frau ist, besonders wenn sie älter wird. Sie selbst traf ihre Entscheidung, kinderlos zu bleiben, mit zwanzig, als sie sich 1946 dazu entschloß, einen armen, aber sehr charmanten Varieté-Darsteller zu heiraten und mit ihm auf Tournee zu gehen – eine Situation, die zu instabil war, um eine Familie gründen zu können. Jahre später wurden die beiden seßhaft; Karen steuerte den Löwenanteil zum gemeinsamen Einkommen bei, gab Theaterunterricht und führte Regie bei Theateraufführungen einer High-School in Buffalo, New York. Als ihr Mann starb, setzte sie sich im ländlichen Vermont zur Ruhe. Dort schreibt sie, reitet ihre Pferde aus, und mit über sechzig hatte sie eine längere Liebesbeziehung zu einem zwanzig

Jahre jüngeren Mann. »Die Aufgabe, der jede Frau sich stellen muß, ob sie nun ein Kind hat oder nicht, ist immer, ihre eigene Identität und ihr Selbstwertgefühl zu entwickeln«, sagte Karen. »Manche Mütter geben es auf, zu kämpfen und versuchen, Erfüllung allein in ihren Kindern zu finden. Aber damit geben sie sich selbst auf. Wenn man die Mutterrolle dazu mißbraucht, von sich selbst abzulenken, dann geht es immer schief.« Jetzt fährt sie jede Woche nach Bennington, um an einem Shakespeare-Workshop teilzunehmen, und kommt dabei ganz zwanglos mit Schauspielern jeden Alters zusammen. »Es ist nicht ganz einfach, mir meine Unabhängigkeit zu bewahren und meine Überzeugungen aufrechtzuerhalten«, erzählte sie mir. »Wenn mir das gelingt, habe ich die Möglichkeit, einen schönen Lebensabend zu verbringen.« Was sie gerne hinterlassen möchte, ist ihr »klarer Verstand«.

Ein kinderloses Leben zu wählen, bedeutet, daß man sich auf vielen Ebenen mit persönlichen Grenzen auseinandersetzen muß. Das heißt auch, zu erkennen, daß die eigenen Bedürfnisse von denen der Mehrheit abweichen, daß die eigenen Prioritäten nicht mit dem übereinstimmen, was die meisten Menschen von einem erwarten, und daß diese gewonnene Freiheit unbezahlbar ist und doch ihren Preis hat. Anzuerkennen, daß man nicht willens oder fähig ist, alles auf sich zu nehmen, was heutzutage von einer Frau erwartet wird, ist eine nüchterne und realistische Angelegenheit – und eine enorme Erleichterung. Frauen, die das vollkommen annehmen können, akzeptieren, daß sie nicht alle Erfahrungen in ihrem Leben gemacht haben, was ohnehin niemand kann und niemand muß. Die Songschreiberin Marty Richardson glaubt, es sei »einfach nicht wahr, daß man alles haben kann. Die jungen Frauen der neunziger Jahre erwarten aber, daß sie alles auf die Reihe bringen, und wenn ihnen das nicht gelingt, dann fühlen sie sich minderwertig – ich finde es schrecklich, sich eine solche Schuld einzureden.« Hope Walker, die Organisatorin von Benefizveranstaltungen, strebt gar nicht an, eine Superfrau zu sein: »Mein Leben ist erfüllt. Ich habe nicht alles gehabt, aber ich habe auch nicht das Bedürfnis, noch etwas nachzuholen.«

Im Gegensatz zu Simonettas Befürchtungen hat keine meiner Gesprächspartnerinnen, die bereits jenseits der fruchtbaren Jahre waren, das Gefühl, »es verspielt zu haben«, nur weil sie kein Kind hat; sie haben sich alle damit arrangiert. Nachdem sie ihre Entscheidung getroffen und sich mit ihren Verlustgefühlen auseinandergesetzt hatten, sind sie gestärkt und mit neuer Energie aus diesem Prozeß hervorgegangen und haben ihr Leben so weitergeführt, wie sie es wollten. Sie sind voller Pläne für ihre Zukunft: Diana Russo will ihre private Lyrik-Schule eröffnen, Pam Hall möchte gerne Literatur studieren, und die Casting-Agentin Myra Wyeth plant, sich erneut als Schauspielerin ins Rampenlicht zu stellen. »In meiner Familie werden alle weit über neunzig, da werde ich schon noch genug Zeit dafür haben.« Der Akt der Entscheidung hatte für sie alle etwas Befreiendes, selbst für die wenigen Frauen, die sich inzwischen vorstellen könnten, Mutter zu werden, wenn sie nur zehn Jahre jünger wären. »Die intensive Auseinandersetzung mit diesem Thema war einer der wenigen positiven Aspekte, die das vierte Lebensjahrzent so an sich hat«, bemerkte Cindy Gardner.

Die meisten freiwillig kinderlosen Frauen fühlen sich ausgesöhnt mit ihrer Entscheidung, akzeptieren sich so, wie sie sind, sind stolz und zuversichtlich. Viele glauben, daß sie eine Möglichkeit verpaßt haben, aber alle wissen, daß sie statt dessen Unabhängigkeit, Nähe und einen anderen Lebensmittelpunkt gewonnen haben. Einige haben ein Leben geführt, das mit einer Familie nur schwer möglich oder zu riskant gewesen wäre. Wie die Kriegskorrespondentin Raquel Randolph sagte: »Wäre ich nach Afghanistan gegangen, wo es von Guerilleros nur so wimmelt, wenn zu Hause ein Kind auf mich gewartet hätte?« Mit der Zeit wiegt das, was sie gewonnen haben, jeden Verlust auf, und sie blicken gelassen und mit einem guten Gefühl auf die Konsequenzen ihrer Entscheidung zurück. »Wenn ich jemals ein Fünkchen von Bedenken verspürt habe, dann tue ich das jetzt ganz sicher nicht mehr«, sagte Pam Hall. »Wäre das Elternsein ein zentraler Wert in meinem Leben geworden, meine Kreativität in anderen Bereichen hätte erheblich darunter gelitten.«

Die Frage, was sie mit der nächsten Generation verbindet, geht Simonetta immer noch durch den Kopf. »Ich finde es schon traurig, wenn man nichts weitergeben kann. Die Beziehung zu meiner Mutter ist mir sehr viel wert. Wenn du keine Familie hast, geht dir damit etwas verloren, was du hättest haben können. Aber es gibt ja noch andere Wege, etwas weiterzugeben.« Viele dieser Frauen haben diesbezüglich zwiespältige Gefühle. Auch Nora Adams tut es leid, daß ihre Lebenserfahrung nur ihr selbst zugute kommen wird, aber sie freut sich darüber, eine Forscherin sein zu können, deren Leidenschaft neue Erfahrungen sind. Die Börsenmaklerin Mimi Davis empfindet nur ganz selten Bedauern über ihren Schritt. »Es tut schon ein bißchen weh, wenn ich ein kleines Kind sehe, das ich sofort ins Herz schließen könnte«, gab sie zu. »Obwohl ich natürlich nicht weiß, wie es in mein Leben passen sollte. Ich habe dann schon Sehnsucht, aber das dauert nur fünf Minuten.« Die emeritierte Psychologie-Professorin Susan Barlett glaubt: »Mir ist es erspart geblieben, die Verantwortung für andere zu übernehmen, die dann für mich an erster Stelle gestanden hätten. Ich hätte meine eigenen Bedürfnisse und Vorlieben einem kleinen menschlichen Wesen opfern müssen. Daß ich von solchen Pflichten frei war, hat meine natürliche Neigung, nach innen zu blicken, verstärkt.« Indem sie sich zu ihren Verlustgefühlen bekennen, werden diese Frauen auch sensibler für das, was sie erreicht haben.

Frauen kommen auf ganz individuelle Weise mit ihrer Entscheidung gegen eigene Kinder zurecht. Die in Japan geborene Textildesignerin Michiko Nicholson, die als Teenager in die USA eingewandert ist, hat eine ungewöhnliche Einstellung. »Ich fühle mich gar nicht als kinderlose Frau«, erklärte die zierliche, lebhafte Michiko, die mit Anfang Dreißig klare Verhältnisse schaffte, indem sie einen Mann heiratete, der eine Vasektomie hinter sich hatte. »Mir sind alle tiefen zwischenmenschlichen Beziehungen unglaublich wichtig – diese Bande, die unabhängig von Herkunft und Lebensumständen oder außerhalb der gewöhnlichen Ordnung der Dinge existieren. Ich mache täglich meine Runde in unserem Haus und besuche alle Babys und Hunde, und das macht mir sehr viel Spaß.« Im Hinblick darauf, ob sie etwas bedauere, sagte sie: »Ich kann nicht behaupten, daß ich überhaupt kein Bedauern verspüre; das kann sicherlich niemand. Ich frage mich, wie mein Leben ausgesehen hätte, wenn ich eine andere Wahl getroffen hätte. Ich kann nicht anders, ich muß lächeln, wenn ich an dieses Unbekannte denke, diese möglicherweise wunderbare Erfahrung, die ich nie gemacht habe, doch ich empfinde keine Reue, absolut nicht.« Und Rachel ist glücklich, daß sie die Abenteuer in Afghanistan und in vielen anderen Ländern wirklich erleben konnte. »Ich bin sicher, daß ich eine gute Mutter geworden wäre, aber alles, was ich in meinem Leben getan habe, wäre mir dann nicht möglich gewesen; mir hätten nicht alle Wege offengestanden. Ich kann wirklich nicht sagen, daß ich meine Entscheidung bereue, weil ich das Leben, das ich führe, liebe. Und es war so ereignisreich, daß es mir gar nichts ausmachen würde, wenn ich jetzt sterben müßte.«

Eltern müssen sich keine Sorgen darum machen, ob sie etwas zu hinterlassen haben; ein Teil von ihnen wird automatisch in ihren Kindern weiterleben. Den Kinderlosen ist Nachkommenschaft in diesem Sinne versagt. Ihr Erbe, ob es nun etwas so Konkretes wie ein Park oder ein Gemälde oder etwas Nichtgreifbares wie eine Beziehung oder ein Akt der Barmherzigkeit ist, hat keine biologische Grundlage.

Einige Frauen können auf konkrete Erfolge verweisen: auf die Bücher, die sie geschrieben, die Filme, die sie gedreht, die Stücke, bei denen sie Regie geführt oder in denen sie gespielt haben. Für andere zählen allein die Beziehungen, die sie geschaffen haben, für wieder andere sind es ihre individuellen Erfahrungen und ihre Fähigkeiten, an die sich die Nachwelt erinnern soll – und nicht zuletzt ihre erfolgreichen Bemühungen, die Welt in einem besseren Zustand zu verlassen, als sie sie vorgefunden haben. Sie haben das Gefühl, viel von sich selbst gegeben, dafür aber auch viel wieder zurückbekommen zu haben. Anderen Menschen wirklich zu begegnen, sich mitteilen zu können, etwas auf persönlicher Ebene zu verändern – das sind die Dinge, die von ihnen bleiben. Am meisten wiegt für sie aber die Freude, jeden Tag wirklich zu leben.

Sich kreativ zu betätigen war für viele Frauen, mit denen ich sprach, wesentlich für ihr Leben, und der schöpferische Prozeß an sich war dabei genauso wichtig wie das, was dabei herauskam. Die Ausschließlichkeit, mit der sie sich ihrer Arbeit widmen, ist das einzige, was sie von Müttern unterscheidet, die ebenfalls Künstlerinnen sind. Tammy Lyons, die nun auch mit dem Segen ihrer Mutter die Ehe führt, nach der sie sich immer schon gesehnt hat, wird der Welt ihre Bilder hinterlassen. Aber das fertige Bild bedeutet ihr weniger als der Drang, sich auszudrücken, durch den es entstanden ist. »Es ist nicht wichtig, ob meine Arbeit für die Ewigkeit bestimmt ist oder nicht. Es macht mich glücklich, daß ich meine Bilder gemalt habe, denn ich denke, daß das Leben dazu da ist, Tag für Tag gelebt zu werden. Meine Bilder bedeuten mir etwas, und ich bin stolz auf sie, denn für mich ist Kunst der beste Weg, Liebe auszudrücken, oder Haß – schlichtweg alles. Ich liebe das Leben!«

Tess Clark dagegen wäre furchtbar gerne berühmt. Sie ist froh, daß sie nicht auf biologischem Wege etwas hinterlassen wird, sondern vielmehr eine Vorstellung davon, was an ihrer Persönlichkeit und ihrem Talent das Besondere ist. »Ich möchte nicht, daß jemand mein Leben oder meine Fehler ›klont‹«, sagte sie. »Was ich der Nachwelt hinterlassen möchte, sind meine Choreographien. Ich möchte, daß man an mich als eine großartige Künstlerin denkt. Mein Traum ist, eines Tages im ›Who's who der amerikanischen Frauen‹ zu stehen. Als ich dieses Buch zum ersten Mal sah, bekam ich vor Aufregung eine Gänsehaut, denn in diesem Buch genannt zu werden verleiht dem Leben einer Frau Bedeutung. Auch wenn wahrscheinlich einige dumme Kühe und vergeudete Existenzen darinstehen, so sind die doch die Minderheit. Ich möchte gerne als bedeutende Frau in die Geschichte eingehen.« Außerdem möchte Tess auch auf persönlicher Ebene etwas hinterlassen. »Ich werde eine ganze Reihe Menschen zurücklassen, die sich an mich als an ihre erste und auch ihre beste Lehrerin erinnern werden.«

Jackie Fast gefällt die Vorstellung, daß sie mit ihren Filmen auch nach ihrem Tod die Menschen bewegen wird. »Ich hinterlasse ein weit bedeutenderes Erbe, als jedes Kind es sein könnte: meine Arbeit. Wenn meine Filme etwas im Bewußtsein der Leute verändern können – das ist doch einmalig!« Und Marty Richardson verwandelt das, was ihre Person ausmacht, in Musik. »Die Songs, die ich schreibe, sind wirklich gut, das sind keine Eintagsfliegen. Sie sind meine kleinen Kinder«, sagte sie stolz.

Am meisten aber zählen Beziehungen, denn auf diesem

Gebiet kann jeder Wichtiges erreichen. »Ich werde sehr vielen Menschen sehr viel Liebe hinterlassen«, sagte Robin Green. »Ich bin für viele Menschen da. Meine Freunde und meine große Familie sind das einzige, was mir wirklich wichtig ist.« Und Meredith Reynolds, deren langjährige Freundschaften das beste in ihrem Leben sind, möchte nichts weiter, als daß »diejenigen sich an mich erinnern, in deren Leben ich eine Rolle gespielt habe«.

Die offene, witzige und ziemlich realistische Pam Hall sieht die Zukunft so: »Ich nehme das, was ich hinterlassen werde, nicht so bierernst; ich glaube, wir sind alle nichts anderes als unendlich kleine Staubkörnchen. Wenn hundert Menschen aus den Hunderten Millionen von Menschen, die gekommen und wieder gegangen sind, etwas wirklich Bedeutendes sind, ist das schon viel – außer dein Kind heißt Albert Einstein. In hundert Jahren werden auf der ganzen Erde völlig andere Menschen leben. Also, wozu das Getue?«

Für mich liegt der Sinn meines Lebens darin, etwas bei den Menschen in der kleinen Gruppe zu bewegen, mit der ich zu tun habe. Ich möchte weder die Welt verändern, noch etwas Großartiges erreichen. Aber auf meine bescheidene Art möchte ich die Menschen dazu bringen, sich ein wenig zu ändern. Ich möchte niemals das Gefühl haben, nicht gesagt zu haben ›ich liebe dich‹, und das möchte ich sagen, wenn es gerade wichtig für mich ist. Ich glaube, daß so etwas kleine Wellen schlägt. Es ist jedenfalls das beste, was jeder von uns tun kann.« Was für Dina Kahn zählt, ist »das, was ich im Leben anderer Menschen bewirkt habe. Der einzige Unterschied zwischen einer Mutter und mir ist der, daß ich von niemandem sage: ›Du gehörst mir.‹«

Eine Frau muß nicht Mutter werden, um anderen Leben zu schenken. Wenn Susan Barlett ihren Studentinnen als Ratgeberin zur Seite stand, dann ging es manchmal buchstäblich um Leben und Tod. »Ich habe mindestens zehn jungen Frauen geholfen, eine schwere Krise in ihrem Leben zu überwinden, und dabei so manchen Selbstmord verhindert. Es ehrt mich schon, daß sie noch Kontakt zu mir halten«, sagte sie nicht ohne Stolz. Ihre früheren Studentinnen, eine davon die Werbefachfrau Julie Stratton, haben von ihr wertvolle Anregungen bekommen.

Anderen zu helfen ist genauso sinnstiftend für so junge Frauen wie Nina Andrews wie für reifere wie Mimi Davis und Christy Nichols. Ihr kinderloser Status bestimmt oft die Richtung ihres Engagements. Christy kümmert sich in einem Frauenhaus der YWCA (Young Women's Christian Association = Christlicher Verein junger Mädchen) um mißhandelte Frauen. Sie glaubt, »ihnen dabei helfen zu können, ihre eigene Entscheidung für ein besseres und leichteres Leben zu treffen«. Außerdem hat sie vor, die Ausbildung der Tochter einer bedürftigen Freundin zu finanzieren. Nina, die künftige feministische Anwältin, meint: »Ich brauche eine Zukunft, aber das bedeutet nicht, daß ich dazu als Mutter bis zu den Ellbogen in Knete stecken muß. Ich hoffe, ich kann durch meine Arbeit als Juristin ein klein wenig dazu beitragen, diese verrückte Welt zu verändern. Ich möchte gerne den Menschen in meiner unmittelbaren Umgebung helfen und die Lebensgrundlagen für manche Frauen verbessern.«

Mimi Davis sieht es eher als Möglichkeit denn als Handicap an, keine biologischen Erben zu haben, die sie zu irgend etwas verpflichten; so wird sie ganz frei entscheiden, was sie mit ihrem Geld anstellt. »Es ist ganz angenehm, wenn man damit machen kann, was man will, und nicht genau weiß, daß später automatisch alles den Kindern gehört. Ich bin sicher, daß ich jemanden finden werde, der es gut gebrauchen kann. Es wäre gar nicht so schlecht, alles der AIDS-Forschung zu vererben. Und in der Zwischenzeit mache ich mir ein schönes Leben.«

Viele meiner Interviewpartnerinnen teilen diesen existentiellen Standpunkt von Anna Lincoln, für die in der Gegenwart zu leben das ist, was wirklich zählt: »Es reicht mir, daß ich selbst gelebt habe. Dieses Leben ist mir geschenkt worden, und ich habe es geprägt. Es läuft so, wie ich es möchte. Ich habe immer gesagt, daß ich erwachsen werden möchte, und das ist mir auch gelungen – das ist mehr, als die meisten zustande bringen. Ich habe immer schon vielen Leuten dabei geholfen, ihre Probleme zu bewältigen, und daran wird man sich künftig erinnern. So manches Leiden habe ich durch Akupunktur gelindert oder geheilt. Und in meiner Familie bin ich diejenige, die sich Gedanken macht und für alle möglichen Probleme eine Lösung findet. Ich bin der ›Familien-Kitt‹. Es ist doch großartig, so etwas erreicht zu haben.«

Das höchste Gut, das wir kinderlosen Frauen zu hinterlassen haben, ist unser Leben selbst: daß wir Liebe gegeben und empfangen haben, daß wir uns selbst treu geblieben sind und daß wir uns anderen gewidmet haben. Wir haben unseren wahren Gefühlen ins Auge geblickt und versucht, unser Leben verantwortlich zu gestalten, denn wir tragen auch eine Verantwortung unseren eigenen Bedürfnissen gegenüber. Jetzt wissen wir, wer wir sind. Die Bereitschaft, sich bewußt und engagiert auf die Welt einzulassen, ist die wertvollste Gabe, die wir unseren geistigen Erben zu geben haben.

Wir sind die erste Generation von Frauen, die sich bewußt und aus freien Stücken von der Mutterrolle gelöst hat. Wir haben künftigen Generationen den Horizont erweitert, ihnen ein neues Bild von Weiblichkeit vermittelt und eine neue Sicht dessen, was es heißt, eine erfüllte Frau zu sein. Im Einklang mit Rachel Randolph können wir mit all dem Vertrauen, das aus unserer Erfahrung erwachsen ist, voller Stolz darauf, daß wir uns selbst ehrlich geprüft haben, und im Bewußtsein der Grenzen und Möglichkeiten, die aus unserer Wahl resultieren, sagen: »Mein Leben ist mein Kind.«

Epilog

Wenn Sie erwägen, kinderlos zu bleiben

Die Frauen, deren Geschichte Sie in diesem Buch gelesen haben, geben den wohl besten Rat, wie man bei der Entscheidung für oder gegen ein Kind vorgehen sollte: ihre persönliche Erfahrung. Fragen Sie sich immer wieder ganz ehrlich, wie Ihre eigenen Gefühle in bezug auf die Mutterrolle aussehen, das hilft Ihnen, diese Erkenntnisse auf Ihr eigenes Leben anzuwenden.

Können Sie sich vorstellen, Mutter zu sein? Schieben Sie diese Frage nicht hinaus, selbst wenn Ihnen die Antwort schwerfällt. Denken Sie darüber nach, fangen Sie am besten gleich damit an. Und nehmen Sie sich Zeit dafür. Um klug entscheiden zu können, ist es wichtig, Ihre Gefühle, Ihre inneren Konflikte, Ihre Phantasien und Ihre Bedürfnisse gut zu kennen. Fragen Sie Ihren Mann, Ihre Freunde, in erster Linie aber sich selbst – und hören Sie genau und unvoreingenommen zu, was Sie zu sagen haben.

1. Was empfinden Sie wirklich für Kinder? Frauen, die für die Mutterrolle nicht geschaffen sind, können Kindern gegenüber eine ganze Bandbreite von Gefühlen haben, angefangen von starkem Widerwillen bis zu Wohlwollen, ja sogar Begeisterung. Fühlen Sie sich in Gegenwart von Kindern häufig unbehaglich, oder sind sie Ihnen gar lä-

stig? Wenn ja, hat das vielleicht mehr mit Ihrer Unerfahrenheit und Ungeschicklichkeit im Umgang mit Kindern zu tun – was sich ändern läßt –, oder gibt es tiefere Gründe für Ihr Unbehagen? Und selbst wenn Sie gerne mit Kindern zusammen sind – freuen Sie sich wirklich nicht nur kurzfristig an den kindlichen Interessen und Aktivitäten? Sind Sie wirklich bereit, ihnen einen Großteil Ihrer Zeit zu widmen und für sie zu sorgen?

Seien Sie sich selbst gegenüber ehrlich. Wenn Sie zwiespältige Gefühle haben, versuchen Sie, mit dieser Ambivalenz zu leben, ohne sie zu unterdrücken. Schauen Sie einfach, wohin Sie das führt, und welches Gefühl stärker ist. Wenn Sie herausfinden, daß das Negative überwiegt, dann nehmen Sie bitte nicht an, daß sich das einfach geben könnte; das hängt davon ab, wie intensiv Ihre Ablehnung ist und wie motiviert Sie sind, sie zu überwinden. Sie müssen sich natürlich fragen, warum Sie so fühlen, aber Sie dürfen nicht erwarten, daß sich diese Schattenseiten einfach in nichts auflösen.

2. Verfallen Sie niemals dem Irrtum, daß irgendein Problem in Ihrem Leben durch ein Kind gelöst werden könnte (die Sehnsucht, ein Kind haben zu wollen, natürlich ausgenommen). Versuchen Sie vielleicht, mit einem Kind Ihre Ehe zu kitten, sich eine Sicherheit fürs Alter zu verschaffen oder sich dem anzupassen, was jede andere Frau auch tut, oder zu vermeiden, daß Sie sich in Ihrem Leben nicht erfüllt fühlen könnten? Wünschen Sie sich ein Kind, um Ihrem Leben einen Sinn zu geben? Es geht garantiert schief, und zwar für alle Beteiligten, wenn Sie aus einem dieser Gründe Mutter werden.

Die Probleme, die ein Kind mit Sicherheit nicht lösen kann, sind unter anderem:

– eine unglückliche Ehe,

- ein schwaches Selbstbewußtsein,
- Depressionen,
- Frustration,
- das Gefühl, im Leben versagt zu haben,
- Enttäuschung in der Arbeit, im Freundeskreis und in der Familie.

Um hier etwas zu ändern, müssen Sie an sich selbst arbeiten, indem Sie über sich nachdenken, mit anderen sprechen oder eine Psychotherapie beginnen und Ihr Leben aktiv umgestalten. Nur Sie allein können Ihre Probleme lösen!

3. Lassen Sie sich von niemandem zu einer Schwangerschaft drängen, wenn Sie sich nicht wirklich von ganzem Herzen dafür bereit fühlen. Mutter zu sein bringt immense Verpflichtungen mit sich. Erwarten Sie nicht, daß Ihr Mann die Hälfte der Verantwortung für ein Kind übernehmen wird oder daß Sie mit einem Babysitter viel mehr Zeit für sich selbst haben werden.

Wenn Sie herausfinden, daß Sie eigentlich doch gerne Mutter werden wollen, dann seien Sie darauf gefaßt, daß sich für Sie einiges grundlegend ändern wird. Das Leben mit einem kleinen Kind bringt mit sich, daß man gewisse Dinge aufgeben und dafür andere in Kauf nehmen muß. Denken Sie darüber nach, worauf es Ihnen am meisten ankommt und worauf Sie am wenigsten verzichten können. Stellen Sie sich folgende Fragen:

- Wie ausgeprägt ist mein Bedürfnis, ungestört zu sein?
- Wie sehr brauche ich Ruhe und eine gewisse Privatsphäre?
- Wie wichtig ist mir meine Spontaneität und die Freiheit, zu tun und zu lassen, was ich will?
- Wie wichtig ist mir die ungestörte Zweisamkeit mit meinem Mann?

– Wie ehrgeizig bin ich in beruflicher Hinsicht?

Wären Sie sehr ärgerlich oder verbittert, wenn Sie diese Dinge aufgeben oder einschränken müßten? Versuchen Sie, sich Ihre eigene Reaktion vorzustellen, und Ihnen wird klarwerden, in welchem Maß Sie bereit wären, für Ihr Kind Opfer zu bringen.

4. Denken Sie an Ihre eigene Kindheit. Was gab es an Positivem, das Sie gerne genauso machen würden, und was an Negativem, das Sie eventuell wiedergutmachen wollen? Würden Sie eine gute Mutter abgeben? Welche Qualitäten als Eltern haben Sie und Ihr Mann, welche fehlen Ihnen, und wie wichtig sind diese? Was glauben Sie noch an Vergangenheitsbewältigung leisten zu müssen, um eine gute Mutter zu sein? Sind Sie bereit, sich dem zu stellen? Dies alles sollten Sie bedenken, *bevor* Sie schwanger werden.

5. Kommt Ihnen eine der folgenden Aussagen bekannt vor?
   – »Wir können uns jetzt kein Kind leisten.«
   – »Ich stehe gerade am Anfang meiner Karriere.«
   – »Ich bin noch nicht bereit, dauernd angebunden zu sein.«

   Sollte Ihnen jedesmal, wenn Sie über eine etwaige Schwangerschaft nachdenken, ein zwingender Grund dagegen einfallen, kann es sein, daß Sie sich selbst etwas vormachen. Wahrscheinlich wollen Sie Ihr Leben schlichtweg so lassen, wie es ist! Erkennen Sie Ihren Widerstand, sich das einfach einzugestehen, und artikulieren Sie ihn. Spüren Sie Ihre Angst und schauen Sie sie, so gut es geht, an.

6. Seien Sie darauf gefaßt, daß intensive Gefühle in Ihnen aufkommen werde, sobald Sie sich wirklich ernsthaft da-

mit auseinanderzusetzen beginnen, daß Sie niemals Mutter sein wollen. Das wird Angstgefühle auslösen, vielleicht Depressionen, ja sogar Wut, und alle unbewältigten Probleme aus Ihrer Kindheit werden auftauchen – darunter auch einige, die Ihnen bisher nicht bewußt waren. Das ist normal und letztendlich hilfreich. Gestatten Sie sich, all diese Reaktionen heute zuzulassen, damit Sie sich nicht in zwanzig Jahren mit dem Vorwurf quälen müssen, die Augen vor all dem verschlossen zu haben. Geben Sie sich selbst die Möglichkeit, Ihre Gefühle aufzuarbeiten, indem Sie sie aus sich herauslassen und sie genau betrachten. Und weinen Sie, wenn Ihnen danach zumute ist! Tränen gehören zur Trauer, und Trauer gehört dazu, wenn man etwas bewältigen will. Wenn Sie sich gegen eigene Kinder entscheiden, verlieren Sie ja eine der Möglichkeiten, die das Leben bietet; andererseits gewinnen Sie neue hinzu.

Besonders wichtig ist es, Ihren Lebensgefährten zu ermutigen, sich damit zu befassen, was der Verzicht auf eigene Kinder emotional für ihn bedeutet, selbst wenn er Schwierigkeiten damit hat, und selbst wenn es nicht leicht für Sie ist, seine Gedanken dazu anzuhören. Ein derart zentraler Punkt in einer Partnerschaft erfordert einen gemeinsamen Entschluß.

7. Wenn Sie nach einigem Nachdenken zu dem Ergebnis kommen, daß eine eigene Familie nichts für Sie ist, müssen Sie akzeptieren, daß Ihr Leben sich von dem der anderen unterscheiden wird. Es ist nicht krankhaft, anders zu sein, aber es ist auch nicht leicht. Die Entscheidung, auf die Mutterrolle zu verzichten, bedeutet nicht, daß Sie nicht in der Lage wären, sie zu übernehmen, sondern daß Sie eine andere Art von Leben vorziehen. Das heißt nicht, daß irgend etwas mit Ihrer Fähigkeit zu lieben oder sich

um andere zu kümmern nicht stimmt. Wenn eine eigene Familie wirklich nicht das ist, was Sie wollen, erfordert es eine gewisse Reife, das auch zu erkennen. Sein Schicksal in die Hand zu nehmen ist etwas, worauf man stolz sein kann.

Seien Sie darauf gefaßt, daß Sie sich von der Mehrheit ausgeschlossen fühlen werden. Suchen Sie nach Gleichgesinnten. Bilden Sie ein Netzwerk und weiten Sie es aus. Sie gehören zu einer wachsenden Gruppe von Frauen, die alle die gleiche Entscheidung getroffen haben. Die anderen können Ihnen Rückhalt geben und Sie in Ihrer Entscheidung auch in Zukunft unterstützen.

8. Sie müssen nicht unbedingt ein eigenes Kind haben, um eine enge Beziehung zu Kindern erleben zu können. Wenn Sie das Bedürfnis danach verspüren, gibt es viele Möglichkeiten: Freunde und Verwandte, die einen anderen Erwachsenen gern an der Welt ihrer Kinder teilhaben lassen; Sie können auch ehrenamtlich mit Kindern arbeiten oder Unterricht geben.

9. Sagen Sie die Wahrheit, wenn man Sie fragt, warum Sie keine Kinder haben. Ehrlichkeit stärkt das Selbstbewußtsein.

10. Machen Sie sich keine Vorwürfe, wenn Sie sich gegen ein Leben als Mutter entscheiden – und lernen Sie, auch Ihrer Mutter oder einem anderen Mitglied Ihrer Familie keine Vorwürfe zu machen. Denn sonst werden Sie sich nie von der Vergangenheit lösen können, und das wird Ihnen die Energie nehmen, die Sie für die Gegenwart brauchen. Selbstbewußtsein und Einfühlungsvermögen sind die besten Quellen, aus denen Sie schöpfen können.

Erwarten Sie keine perfekte Entscheidung. Es mag sein, daß Sie hin und wieder noch traurig darüber sein werden oder sie fast bedauern. So geht es aber auch den meisten Müttern, wenn sie ehrlich zu sich sind. Sie werden es jedoch niemals bereuen, in der Konfrontation mit Ihren Gefühlen Selbsterkenntnis gewonnen zu haben.

Es ist sehr wichtig, eine authentische, bewußte Wahl zu treffen. Eine sorgfältig erwogene Entscheidung, die Ihren wahren Gefühlen entspricht und auf ernsthafter Selbstprüfung basiert, kann kein Irrtum sein.

dialog & praxis
Die Entdeckung der weiblichen Psyche

Arno Gruen
Der Verrat am Selbst
Die Angst vor Autonomie
bei Mann und Frau
dtv 35000

Verena Kast
**Mann und Frau im
Märchen**
Märchen psychologisch
gedeutet
dtv 35001

Christiane Olivier
Jokastes Kinder
Die Psyche der Frau im
Schatten der Mutter
dtv 35013

Josephine Rijnaarts
Lots Töchter
Über den Vater-Tochter-
Inzest · dtv 35031

Irene Claremont de
Castillejo
Die Töchter der Penelope
Elemente des Weiblichen
dtv 35068

Irène Kummer
**Ich bin die Frau, die
ich bin**
Eine lebendige Beziehung

zu sich selbst und anderen
finden · dtv 35078

Ingrid Riedel
**Die weise Frau in
Märchen und Mythen**
Ein Archetyp im Märchen
dtv 35098

Christiane Olivier
F wie Frau
Psychoanalyse und
Sexualität
dtv 35101

Carol Gilligan
Die andere Stimme
Lebenskonflikte und
Moral der Frau
dtv 35104

Jane Adams
**»Ich bin noch immer
deine Mutter«**
Wenn die Kinder
erwachsen werden
dtv 35110

Lyn M. Brown
Carol Gilligan
Die verlorene Stimme
Wendepunkte in der Ent-
wicklung von Mädchen
dtv 35133

dtv